Auf Feld und Wiese

Martin Čihař

Aus dem Französischen
von Eva Tauber

Inhalt
Die Landschaft der Felder und Wiesen 4
Einige Worte zur Erklärung 5
Säugetiere 6
Mäuse-ähnliche Säugetiere 6
Mausähnliche Säugetiere und Fledermäuse 8
Große Nagetiere und Hasen 9
Fleischfresser und Rehe 10
Vögel 11
Tagaktive Greifvögel 11
Nachtaktive Greifvögel 13
Baumkletternde Vögel 14
Gedrungene Bodenvögel 15
Stelzvögel 16
Möwen und Watvögel 17
Wiesenvögel mit kurzem Schnabel 18
Schwarze oder schwarz-weiße Vögel 19
Tauben und Kuckuck 20
Lebhaft gefärbte Vögel 21
Stelzen und Würger 22
Drosseln 23
Kleine braune Singvögel 24
Kleine Singvögel mit tarnfarbenem Gefieder 25
Meisen und Sperlinge 27
Singvögel mit buntem Gefieder 28
Kleine Singvögel mit kräftigem Schnabel 29
Reptilien 32
Schlangen 21
Eidechsen 33
Amphibien 34
Froschlurche 34
Insekten und andere wirbellose Tiere 35
Fliegen und Schnaken 35
Große Schmetterlinge 36
Kleine Schmetterlinge 37

Schmetterlinge mit großem Körper 38
Schädliche Schmetterlinge 39
Hautflügler 40
Käfer mit länglichem Körper 41
Käfer mit gedrungenem Körper 42
Versteckte Käfer 43
Schnellkäfer und Rüsselkäfer 44
Zikaden 45
Insekten mit besonderen Flügeln 46
Grashüpfer 47
Spinnen 48
Schnecken 49

Bäume und Sträucher 50
Mit Dornen 50
Ohne Dornen 51

Krautige Pflanzen 53
Krautige Pflanzen mit weißen Blüten 53
Krautige Pflanzen mit gelben Blüten 57
Krautige Pflanzen mit roten Blüten 61
Krautige Pflanzen mit violetten oder blauen Blüten 64
Krautige Pflanzen mit grünen Blüten 67
Gräser 68
Hirsen, Schachtelhalme und Farne 71

Getreide 72

Kulturpflanzen 74
Kleine Obstfrüchte 74
Obstbäume 75
Öl liefernde Pflanzen 78
Fasern liefernde Pflanzen 79

Gemüse, Kräuter und andere Kulturpflanzen 80
Gemüse mit großen Früchten 80
Hülsenfrüchte 82
Blattgemüse 83
Blattgemüse und Kohl 84
Blüten- und Stängelgemüse 85
Wurzelgemüse 86
Wurzelgemüse und Zwiebeln 87
Küchenkräuter 88
Futterpflanzen u.a. 89

Pilze 90

Register 92

Als Ergebnis der Arbeit vieler Generationen von Landwirten finden wir heute ein vielfältiges Mosaik von unterschiedlichen Landschaften in Europa, seien es Acker- und Getreideflächen, seien es Heckenlandschaften, Weinanbaugebiete, verlassenes Brachland oder die saftigen Almwiesen im Gebirge. Obwohl die landwirtschaftlich genutzte Bodenfläche im Verlauf der letzten 50 Jahre einfühlsam gestaltet worden ist – sie nimmt in Europa im Vergleich zu den Wäldern ein Großteil der Oberfläche ein – sehen wir heute die Folgen der industrialisierten Landwirtschaft.

In den letzten 50 Jahren wurde die Natur nachhaltig durch moderne Arbeitsweisen verändert. Die Verwendung von Pflanzenschutzmitteln und anderen chemischen Substanzen sorgte dafür, dass sich die Erträge vervielfachten, Felder wurden vergrößert und die Viehzucht verstärkt. Vielfältige Maschinen haben zahlreiche Arbeitsabläufe vereinfacht und beschleunigt.
Für die Landschaft hatte das Folgen. Seit jeher seltene Lebensräume sind ganz verschwunden, andere Standorte werden von viel mehr Tieren und Pflanzen genutzt. Zahlreiche Tier- und Pflanzenarten sind ausgestorben, andere, nämlich Nutztiere und ausgewählte Pflanzensorten, wurden überzüchtet. Viele Gewässer und Böden sind durch die industrieralisierte Landwirtschaft inzwischen stark verschmutzt, zahlreiche so genannte Schädlinge (Insekten, Pilze und Mikroorganismen) sind gegen Pflanzenschutzmittel resistent, d. h. sie lassen sich damit nicht mehr bekämpfen.
Die Veränderung der Landschaft zeigt sich am deutlichsten daran, dass es kaum noch Hecken gibt. Doch Hecken sind ein wichtiger Lebensraum für viele Tiere. Besondere Wildpflanzen wie Klatschmohn oder Kornblumen wachsen heute nur noch an wenigen Stellen, z. B. an Ackerrainen oder auf Brachflächen. Das Verschwinden bestimmter Tierarten ist nicht so leicht zu erkennen. Maikäfer, zahlreiche Vögel, aber auch Nagetiere wie der Hamster sind selten geworden. Die offenen Landschaften Mitteleuropas mit ihren Wiesen und Hecken wurden langsam über Jahrzehnte ihrer Lebewesen beraubt. Einige Tier- und Pflanzenarten gelten inzwischen als ausgestorben, zahlreiche andere als gefährdet.
Auf lange Sicht wird die reichhaltige Tier- und Pflanzenwelt trotz unserer Bemühungen, den Einsatz von Pflanzenschutzmitteln einzuschränken, weiterhin bedroht sein.

Einige Worte zur Erklärung

Dieser kleine Führer im praktischem Format stellt eine Auswahl von Tieren und Pflanzen vor, die in Wiesen und auf Feldern leben. Diese Arten wurden nach bestimmten Merkmalen (Farbe, Körperbau, Größe etc.) geordnet. Kurze Texte beschreiben die wichtigsten Merkmale für die Bestimmung oder weisen auf Besonderheiten hin.
Bei Säugetieren, Vögeln und anderen Tieren ist die Körpergröße angegeben, bei Schmetterlingen die Flügelspannweite, bei Pflanzen die Wuchshöhe.

♂ Männchen bzw. männliche Blüte
♀ Weibchen bzw. weibliche Blüte

Es war unvermeidlich, einige Fachbegriffe zu verwenden, zum Beispiel:
Hochblatt: verändertes Blatt, das im obersten, blütentragenden Teil des Sprosses steht, oft auffällig gefärbt.
Dolde: schirmförmig gestalteter Blütenstand.
Blütenstiel: Stiel, mit dem die Blüte oder die Frucht am Stängel oder Ast befestigt ist.
Blattstiel: Stiel, mit dem das Blatt am Stängel oder Ast befestigt ist.
Sitzend: der Stiel ist soweit verkürzt, dass ein Blatt, eine Blüte oder Frucht direkt auf dem Stängel oder Ast sitzt.

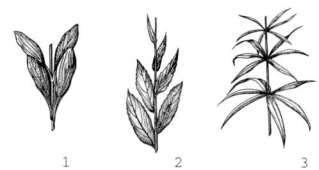

Blattstellungen: 1. gegenständig; 2. wechselständig; 3. in Wirteln

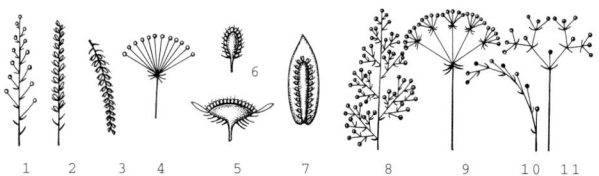

Formen des Blütenstandes: 1. Traube, 2. Ähre, 3. Kätzchen, 4. Dolde, 5. Köpfchen, 6. Körbchen, 7. keulenförmige Blüte vom Hochblatt umhüllt, 8. Rispe, 9. Doppeldolde, 10. Wickel (Monochasium), 11. Doppelgabel (Dichasium)

MÄUSE-ÄHNLICHE SÄUGETIERE

Maulwurf

13-20 cm. Fell schwarz, kurz und samtartig, Vorderfüße als Grabschaufeln mit flachen Krallen ausgebildet ▼. Graben verzweigtes Gangsystem, bis 200 m lang und bis in 70 cm Tiefe. Ernähren sich von Tieren, die er im Boden mit seiner rüsselförmigen Nase ▼ aufspürt: Regenwürmer, Insekten und deren Larven, Schnecken.

Waldspitzmaus

7-11 cm. Fell dreifarbig: Rücken dunkel, Seiten heller, Bauch weiß. Rüsselförmige, bewegliche Nase, Tasthaaren. Zahnspitzen rötlich ▼. Stimmfreudig, geben zwitschernde und quietschende Laute von sich. Bewohnen Gärten und Wiesen, ernähren sich von Insekten und deren Larven.

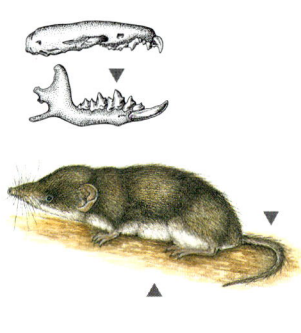

Feldspitzmaus

9-13. Oberseite dunkelgrau, Bauch hell gefärbt ▼. Zähne weiß ▼. Schwanz mit langen Haaren ▼. Bewohnt trockenen Gebiete, Waldränder, Wiesen, Komposthaufen. Dämmerungsaktiv. Gibt zwitschernde Laute von sich.

Gartenspitzmaus

7-12 cm. Rücken dunkelgrau, Bauch gelblich. Zähne weiß. Schwanz mit abstehenden Wimpernhaaren bedeckt ▼. Ohren gut sichtbar ▼. Bewohnt niedrige Vegetation, Gewässerläufe, alte Mauern. Ernährt sich von Insekten. Im Winter nicht besonders aktiv.

MÄUSE-ÄHNLICHE SÄUGETIERE

Hausspitzmaus

6-9 cm. Rücken dunkelgrau bis rötlich, Bauch heller ▼. Schnauze deutlich verschmälert, Schwanz mit Wimpernhaaren, Zähne weiß. Bewohnt als Kulturfolger Ortslagen und Gärten, auch in Stallanlagen, Scheunen und Häusern, ernährt sich von Insekten und anderen Wirbellosen, manchmal kleinen Säugetieren.

Gemeine Schermaus

19-34 cm. Gedrungener Körper mit unterschiedlicher Fellfärbung: oberseits grau, gelbbraun bis schwarzbraun oder schwarz, Bauch weißgrau bis dunkelgrau. Hinterfüße mit 5 Sohlenschwielen ▼. Schwanz rund, halb so lang wie Körper ▼. Bewohnt feuchte Gebiete in Gewässernähe. Graben weitverzweigte Gangsysteme.

Feldmaus

12-16 cm. Rücken dunkelgrau ▼, Bauch gelblich. Ohrmuschel ist innen dicht behaart ▼. Kurzer Schwanz. Bewohnt Felder, Weiden, Gärten, Straßenböschungen. Lebt in einem selbstgebauten, weitverzweigten Gangsystem dicht unter der Erdoberfläche. Ernährt sich von Gräsern, Kräutern, Wurzeln, Samen, Getreide.

Erdmaus

10-18 cm. Fell dunkel ▼, lang und rauhaarig, oberseits braungrau bis rötlichbraun. Ohrmuschel behaart ▼. Verbringt fast die ganze Zeit in ihren unterirdischen Gängen. Ihre Anwesenheit sehen wir nur an angefressenen Pflanzenteilen und Kotballen.

MÄUSE-ÄHNLICHE SÄUGETIERE UND FLEDERMÄUSE

Zwergmaus

10-15 cm. Sehr klein und zierlich, mit nacktem Greifschwanz ▼. Rücken rötlich ▼ oder dunkelrot, Unterseite weiß, scharf abgegrenzt. Im Sommer legt sie im hohen Gras ein kugelförmiges Nest an. Bewohnt dichte Vegetation, feuchte Wiesen, Rohrgürtel an Gewässern, Getreidefelder.

Waldmaus

16-22 cm. Langer Schwanz ▼, große Ohren ▼ und Augen. Rücken dunkelgrau, Bauch weißlich mit einem schmalen gelblichen Fleck am Hals. Nachtaktiv. Häufig, fast überall anzutreffen. Laub- und Mischwälder, Waldränder, Gebüsche. Guter Kletterer.

Kleine Bartfledermaus

6,5-9 cm. An der Schnauze befinden sich zahlreiche lange, steife Tasthaare ▼. Rücken dunkelbraun ▼, Unterseite grau. Ohren und Flügel dunkelbraun. Hat kleine Lücke zwischen den Zähnen. Lebt in feuchten lichten Wäldern, auch in Gebäuden, hinter Fensterläden. Hält Winterschlaf von Oktober-April.

Braunes Langohr

7-10 cm. Die besonders großen Ohren (3-4 cm) ▼ sind an den Innenseiten verwachsen. Die Tragi (Hautlappen vor den Ohreingängen) sind durchscheinend. Lebt in Baumhöhlen und Nistkästen, überwintert in Höhlen oder Gebäuden. Nachtaktiv.

Feldhamster

23-37 cm. Nagetier mit dreifarbigem Fell: Rücken gelb- bis rotbraun, Bauch schwarz ▼, im Gesicht und an den Flanken weiße Flecken. Stummelschwanz, Ohren gut sichtbar. Bewohnt offene Landschaften, Felder, Straßenränder. Gräbt ausgedehnte Gangsysteme. Läuft, springt und schwimmt gut. Ist selten geworden. Hält Winterschlaf.

Ziesel

21-32 cm. Körper lang mit kurzem Schwanz ▼ und sehr kleinen Ohren, großen Augen. Rücken gelblichgrau bis dunkelgrau. Bewohnt offene Landschaften, trockenes Grasland. Macht häufig „Männchen" ▼. Lebt meist in Kolonien in selbstgegrabenen Erdbauten. Hält Winterschlaf.

Feldhase

55-83 cm. Lange Ohren ▼ mit schwarzer Spitze. Schwanz kurz, unterseits weiß, oberseits schwarz ▼. Hinterläufe sehr lang und kräftig. Bewohnt offene Landschaften, dämmerungs- und nachtaktiv. Gräbt nur flache Mulde und schläft tagsüber dort oder drückt sich bei Gefahr hinein. Kann sehr schnell laufen.

Wildkaninchen

38-58 cm. Ohren lang ▼, aber kürzer als beim Feldhase, Kopf rundlich. Schwanz wollig, unterseits weiß ▼, oberseits schwarz. Bewohnt trockenwarme Gebiete, wo es im Boden seine Baue gräbt. Vor allem dämmerungs- und nachtaktiv, aber auch tagsüber sichtbar. Lebt in Kolonien.

GROSSE NAGETIERE UND HASEN

FLEISCHFRESSER UND REHE

Hermelin

25-45 cm. Sommerkleid mit rotbraunem Rücken und weißem Bauch. Winterkleid weiß mit schwarzer Schwanzspitze ▼. Ernährt sich von kleinen Säugetieren, z.B. Spitzmäusen. Sehr flink, setzt sich zuweilen zur besseren Übersicht auf seine Hinterfüße. Kommt bis zu Höhen von 3000 m vor.

Mauswiesel

20-42 cm. Rückenfell braun, Bauch weiß ▼, kurze Beine und Schwanz (ohne schwarzen Fleck ▼). Bewohnt offenes Gelände, Gebüsche, Wälder. Dank seiner kleinen Größe kann es in Mausbaue eindringen und dort Beute schlagen. Ernährt sich auch von Vögeln.

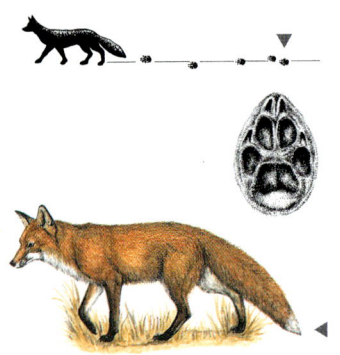

Rotfuchs

Schulterhöhe 35-40 cm, Länge mit Schwanz 90-130 cm. Das weiche, dichte Fell ist oberseits rotbraun, unterseits weißlich. Langer buschiger Schwanz mit weißer Spitze ▼. Nahe menschlicher Siedlungen nur nachtaktiv, dort in Parks, Gärten etc. Gräbt einfache Baue.

Reh

Schulterhöhe 90-130 cm. Sommerkleid rotbraun, Winterkleid graubraun. Junge weiß getupft ▼. Schwanz nicht erkennbar, an seiner Stelle ist das Fell weiß gefärbt ▼. Männchen mit kurzem Geweih (mit max. 6 Enden) ▼. Unterholzreiche Laub- und Mischwälder, Felder, Wiesen.

Schlangenadler

63-67 cm. Großer Kopf ▼ mit großen gelben Augen. Oberseits dunkelgrau, unterseits weiß ▼, außer der dunklen Kehle. Beine grau ▼. Segelt und rüttelt oft. Jagt hauptsächlich Reptilien. Zugvogel. Kommt nur in Süd- und Osteuropa vor, bei uns nicht.

Mäusebussard

50-55 cm. Eine der häufigsten Greifvögel. Fliegt langsam, segelt in Kreisen. Im Flug gut das dunkle Band am hinteren Schwanzende zu erkennen ▼. Schwanz beim Sitzen kurz ▼. Typisch der miauende „Hiääh"-Schrei. Jagt über Wäldern und in offener Landschaft. Sitzt oft auf Leitungsmasten.

Wespenbussard

50-57 cm. Unterscheidet sich im Flug vom Mäusebussard durch seinen längeren Schwanz, der drei dunkle Binden hat ▼, und den kleinen Kopf ▼, beim Männchen grau gefärbt ▼. Gefieder mit unterschiedliche Färbungen (wie Mäusebussard). Ernährt sich von Insekten.

Sperber

27-37 cm. Erinnert an einen kleinen Habicht. Unterseite weiß bis grau (Männchen) mit Querstreifen, Weibchen braun gestreift. Schwanz mit 4 braunen Bändern ▼. Flügel gerundet ▼. Überraschungsjäger: stößt plötzlich ins Gebüsch, im offenen Gelände segelnd. Nistet in Nadelwäldern.

TAGAKTIVE GREIFVÖGEL

TAGAKTIVE GREIFVÖGEL

Rotmilan

60. Heller Kopf, sonst rostbraunes Gefieder. Neben dem Schwarzmilan der einzige große Greifvogel mit stark gegabeltem Schwanz ▼. Am äußeren Flügelrand deutliche helle Flecken ▼. Segelt.

Kornweihe

43-50 cm. Männchen hellgrau mit schwarzen Flügelspitzen ▼, Weibchen mit auffallend gebändertem Schwanz und heller Unterseite. Auffällig die weißen Bürzel ▼. Nistet am Boden im offenen Gelände. Jagt von großer Höhe über offenem Gelände.

Wiesenweihe

40-45 cm. Deutlich kleiner als Kornweihe, auch seltener. Männchen: mit schwarzer Binde an Flügelspitze ▼, Gefieder am Beinansatz bräunlich ▼, sonst hell ▼. Weibchen: rötlich-braunes Gefieder. Zugvogel. Auf feuchten Wiesen, Flussniederungen, an Sümpfen.

Turmfalke

34 cm. Kopf und Schwanz grau ▼, Rücken rot mit schwarzen Punkten. Wirkt im Flug durch lange, spitze Flügel und langen Schwanz schnittig. Das häufige Rütteln ▼ ist das beste Kennzeichen. Jagt kleine Säugetiere. Nistet im offenen Gelände. Häufig.

Schleiereule

34 cm. Rücken rötlich mit dunklen Bändern, Bauch weißlich oder rötlich ▼. Gesicht von weißem Federkranz umgeben („Schleier") ▼, herzförmig, mit dunklen Augen. Brütet in Scheunen, Kirchtürmen und alten Gebäuden. Jagt in offenem Gelände kleine Säugetiere.

Sumpfohreule

37 cm. Ohrbüschel kurz, kaum sichtbar. Augen gelb und schwarz umrandet ▼. Gefieder bräunlich bis gelblich, dunkel gefleckt, Schwanz dunkel gestreift. Gleitflug und Sturzflug (mit Flügelklatschen). Nachtaktiv, aber auch am Tag zu sehen. Bewohnt offenes Gelände, nasse Wiesen, Moore etc.

Steinkauz

21 cm. Großer Kopf ▼, gedrungene Gestalt. Rücken dunkel mit weißen Flecken, Unterseite hell mit dunklen Flecken ▼. Kurzer Schwanz. Flug wellenförmig. Sitzt oft auf Pfählen und knickst, wiegt den Kopf. Bewohnt offenes Gelände, Kulturland. Jagt Insekten, auch Mäuse, in der Dämmerung und nachts.

Zwergohreule

19 cm. Sehr kleine Eule mit Federohren ▼. Gefieder fein gestreift und gefleckt. Bewohnt Kulturland, Obstpflanzungen, Ruinen. Jagt größere Insekten, hauptsächlich nachts. Ruft in kurzen Abständen „Dju". Bei uns nur im Sommer. Zugvogel.

NACHTAKTIVE GREIFVÖGEL

BAUMKLETTERNDE VÖGEL

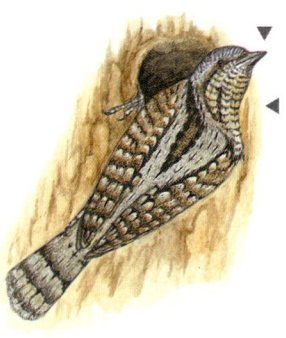

Wendehals

16 cm. Gefieder braun bis grau gesprenkelt. Unterseite hell rötlich, dünn gestreift ▼. Gerader, kurzer Schnabel ▼. Ruft besonders im Frühjahr laut „gäh-gäh-gäh-gäh", der Stimme nach schwer zu orten. Bewohnt lichte Laub- und Mischwälder, Obstanlagen.

Grünspecht

31 cm. Gefieder grün mit rotem Scheitel. Männchen mit rotschwarzem Bartstreif ▼, Weibchen mit nur schwarzem Bartstreif ▼. Hält sich hauptsächlich am Boden auf. Trommelt selten. Schallendes „Lachen" oder „Wiehern" als Balzruf. Häufig. Lichte Gehölze, Obstanlagen.

Buntspecht

23 cm. Häufigste Spechtart. Männchen mit dreifarbigem Gefieder: roter Nackenfleck ▼ und rote Unterschwanzfedern, weißer Flügelfleck ▼. Ernährt sich hauptsächlich von den Samen der Nadelbäume ▼. Trommelt besonders im Frühling. Ruft laut und hart „kick". Häufig in Parks und Gärten.

Kleinspecht

14 cm. Kleinster Specht, sperlingsgroß. Rücken und Flügel vollständig schwarz-weiß gebändert ▼, aber ohne große weiße Flecken auf den Schultern. Männchen mit rotem Scheitel ▼, Weibchen mit weißem Scheitel ▼. Hält sich meistens in den Baumwipfeln auf und ist deshalb schwer zu sehen.

Rebhuhn

30 cm. Schwanz kurz, rostrot, Flügel gerundet. Männchen mit hufeisenförmiger Zeichnung auf der Brust ▼. Gesicht hellrot ▼. Fliegt senkrecht und schnell auf ▼. Bewohnt Felder, Wiesen, Moore.

Wachtel

18 cm. Kleinstes europäisches Huhn und einziger Zugvogel unter den Hühnern. Schwanz kurz. Männchen mit schwarz-weißem Hals ▼. Nur selten zu sehen. Ruft nicht sehr laut „pickwerwick". Bewohnt Wiesen und Felder mit wenig intensiv bearbeiteten Böden.

Zwergtrappe

43 cm. Männnchen: Kopf grau, Hals schwarz mit weißen Bändern ▼. Im Flug sieht man die großen weißen Flügelflächen ▼. Fliegt schnell. Weibchen: beige-braunes Tarngefieder. Kommt nur in den Mittelmeerländern vor.

Fasan

53-89 cm. Männchen: bunt gefärbt mit langen Schwanzfedern ▼, Gesicht lebhaft rot und mit Augenschweiffedern ▼. Weibchen: unscheinbar braun gefärbt. Fasan gockelt „gögög", besonders abends, wenn er auf einen Baum fliegt. Nistet in Feldern, im Winter im Wald, aber nahe Wiesen.

Graureiher

90 cm. Gefieder grau, Hals und Kopf weiß mit schwarzer Haube ▼. Lange gelbe Beine, kräftiger gelber Schnabel. Im Flug ist der Hals gebogen ▼. Ruft ein raues „kräiik". Fliegt langsam. Nester zu mehreren in Bäumen in der Nähe von Gewässern, feuchten Wiesen.

Weißstorch

102 cm. Einer der größten Landvögel bei uns. Kräftiger, roter Schnabel ▼, Beine rot und lang ▼. Im Flug ist der Hals gerade und vorgestreckt ▼. Kurzer Schwanz, schwarz-weißes Gefieder. Schweigsam, aber klappert mit dem Schnabel bei der Balz. Im offenen Gelände, auf Bäumen oder Häusern brütend. Zugvogel.

Kranich

120 cm. Kopf schwarz, weiß und rot gefärbt ▼, Flügelspitzen schwarz und buschig, über dem Schwanz hängend ▼. Gefieder sonst grau. Im Flug mit geradem Hals. Brütet im Norden Europas, zum Beispiel an der Ostsee, zieht im Winter nach Südeuropa. Ruft trompetendes, weit hörbares „Krurr" und „Krürr". Im Feuchtland, auf Wiesen.

Wachtelkönig

27 cm. Braunes und rostrotes Gefieder. Männchen mit grauem Hals ▼. Im Flug baumeln die Beine hinunter ▼, rote Flügel sichtbar ▼. Vogel eher zu hören als zu sehen, ruft laut das knarrende „Krex krex". Zugvogel. Wird selten. Feuchtes, offenes Gelände.

Lachmöwe

35-38 cm. Rücken hellgrau, übriger Körper weiß, außer schwarzen Schwanzspitzen und Kopf ▼. Ruft rau „kwerr". Brütet in Sümpfen, auf feuchten Wiesen. Im Winter oft an Gewässern und auf Feldern zu sehen.

Bekassine

27 cm. Sehr langer, schmaler Schnabel ▼. Am Kopf ein schmaler gelber Strich. Fliegt zickzackartig ▼. Männchen erzeugt beim Balzflug mit den Schwanzfedern ein Brummen. Ruft monoton „tüke tüke tüke". In Sümpfen, Mooren und feuchten Wiesen.

Großer Brachvogel

53-58 cm. Sehr langer, nach unten gebogener Schnabel ▼. Rücken braun, hell gefleckt. Im Flug ist der weiße Bürzel sichtbar ▼. Schöne flötende Stimme „tlaüh, traüih" und „kwikwikwik". Auf weiten Wiesen, in Mooren. Im Winter im Wattenmeer. Zugvogel.

Uferschnepfe

41 cm. Langer Schnabel, etwas nach oben gebogen. Balzkleid mit rötlicher Brust. Im Winter grau ▼. Im Flug sind die weißen Bänder an den Flügeln ▼ und der schwarzweiße Schwanz ▼ zu sehen. Ruft im Flug „wik-ik-ik". Brütet auf feuchten Wiesen und Heiden.

MÖWEN UND WATVÖGEL

WIESENVÖGEL MIT KURZEM SCHNABEL

Kiebitz

30 cm. Erscheint schwarz und weiß, Rücken dunkelgrün. Auffällige Federhaube ▼. Leicht erkennbar im Flug anhand der breiten Flügel ▼. Ruft laut „kie-wit", auch im akrobatischen Balzflug. Brütet in kurzrasigen Wiesen, in Marschen und Sümpfen.

Goldregenpfeifer

28 cm. Oberseits dunkelgoldfarben ▼. Im Frühling unterseits schwarz mit weißem Band an den Flanken ▼. Ruft flötend „tlüh" oder schwermütig „tlü-i". Nur im Winter bei uns, dann auf Feldern, an Küsten. Sonst in der Tundra, in Mooren und Sümpfen.

Kampfläufer

Männchen 29 cm, Weibchen 23 cm. Männchen: im Brutkleid mit riesiger Halskrause und Ohrbüscheln in verschiedenen Farben ▼. Bei uns nur im Winter, an der Küste an flachen Stellen und an Binnengewässern zu sehen, sonst in nordeuropäischen Tundra.

Triel

41 cm. Rücken grau-braun gefleckt, Schnabel gelb und schwarz ▼. Großer Kopf ▼. Lange und kräftige gelbe Beine ▼. Im Flug sind zwei helle und ein dunkles Band zu erkennen ▼. Ruft „ku-ri", oft nachts zu hören. Nachtaktiv. Auf trockenem Gelände, Heide. Bei uns nur seltener Gast.

Amsel

25 cm. Männchen schwarz mit orange-gelbem Schnabel ▼. Weibchen oben dunkelbraun, unten heller. Aufgescheuchte Amseln geben ein aufgeregtes Zetern von sich. Gesang: getragen, feierlich, flötend. Nest ▼ in Büschen oder Bäumen.

Elster

45 cm. Gefieder schwarz-weiß ▼ mit metallisch blauem Schimmer und grün metallisch glänzendem langen Schwanz ▼. Junge: braun, grau und weiß gefärbt. Fliegen das ganze Jahr, zum Teil laut rufend („Schack-schack-schack") in Gärten und offenen Landschaften. Häufig.

Saatkrähe

46 cm. Gefieder schwarz, mit metallischem Glanz. Schnabel lang, an der Basis mit Haut bedeckt, grau ▼. Häufig auf Feldern in mittelgroßen Trupps. Nistet in Kolonien in den Baumkronen. Zugvogel.

Rabenkrähe, Nebelkrähe

43-46 cm. Gefieder schwarz ▼ mit violettem Schimmer. Schwanz im Flugbild gerade. Nistet auf Bäumen und ruft krächzend „arrk" oder „krah". Im östlichen Europa eigene Unterart „Nebelkrähe" mit grauem und schwarzem Gefieder ▼.

SCHWARZE ODER SCHWARZ-WEISSE VÖGEL

Hohltaube

32-34 cm. Mit zwei kleinen schwarzen Bändern auf den Flügeln ▼. Graues Federkleid ganz ohne Weiß. Nistet in Baumhöhlen, meistens von Schwarzspechten. Ruft monoton und nicht laut „hu-ru"

Ringeltaube

40-42 cm. Länglicher weißer Streifen am Hals ▼ und auf den Flügeln ▼. Balz des Männchens im Steigflug, klatscht mit den Flügel zusammen und gleitet abwärts. Singt laut und 5mal wiederholend „ku-ku-ru-ku". Auf Feldern, Parks, in Gärten.

Turteltaube

26-28 cm. Kopf graublau, Rücken braun gefleckt, mit deutlichen schwarzweißen Streifen am seitlichen Hals ▼. Im Flug dunkelbrauner Schwanz mit heller Endbinde sichtbar ▼. Sehr lebhaft, ruft monoton „turr-turr-turr ...". Weit verbreitet in offener Landschaft mit Bäumen.

Kuckuck

32-34 cm. Männchen: oberseits grau, unterseits weiß mit dunklen Streifen. Weibchen grau oder rostrot, unterseits schwarz gestreift ▼. Langer Schwanz, kurze Beine. Ruf allbekannt „kuckuck", auch dreisilbig „kuckuckuck". Weibchen ruft kicherndes „quiquiquiqui ...". Zugvogel. Bewohnt Kulturland, Heiden, Dünen. Brutparasit.

LEBHAFT GEFÄRBTE VÖGEL

Wiedehopf

28 cm. Beige-oranges und schwarz-weißes Gefieder. Langer gebogener Schnabel und große aufrichtbare Kopfhaube ▼. Im Flug sind die breiten gestreiften Flügel deutlich sichtbar ▼. Flug schmetterlingsartig. Ruf weit hörbar „pu-pu-pu". Bewohnt offenes, grasreiches Gelände mit alten Bäumen.

Blauracke

31 cm. Blaues Gefieder mit braunem Rücken. Im Flug erscheint der ganze Vogel blau mit schwarzen Schwingen. Schwanz ungeteilt ▼, kräftiger Schnabel ▼. Männchen führt Balzflüge aus. Ruft trocken „Rak rak". Bei uns nur seltener Sommergast im östlichen Teil des Landes. Lebt in offener Landschaft mit Bäumen.

Bienenfresser

28 cm. Prächtige Farben. Innere Schwanzfedern verlängert ▼. Schnabel lang und schmal ▼, etwas gebogen. Sitzt auf Ästen und wartet auf vorbeifliegende Bienen und andere Insekten, die in schnellem Stoß gefangen werden. Brütet in selbstgegrabenen Röhren an steilen Ufern oder Sandgruben. Nur in den Mittelmeerländern.

Blauelster

34 cm. Kopf schwarz ▼, Rücken und Unterseite rosa bis beige, weißer Hals. Langer blauer Schwanz ▼. Ruft ständig „Srih". Gesellig und lärmend. Kommt nur in Spanien und Portugal vor.

Schafstelze

16,5 cm. Männchen graublau, Flanken, Hals und Bauch gelb, Rücken grünlich ▼. Schwanz zweifarbig ▼, kürzer als bei anderen Stelzen. Wiesen, auch Tundra, oft bei Weidetieren. Zugvogel.

Bachstelze

18 cm. Schwarz-weißer Vogel mit langem Schwanz ▼, mit dem er oft wippt. Gesicht und Bauch weiß ▼, Rücken grau, Brust, Scheitel und Flügel schwarz ▼. Bewohnt offenes Gelände, gern an Gewässern und in Ortschaften. Ruft „zilipp" oder „zipp". Zugvogel.

Raubwürger

24 cm. Schwarz, weiß und graues Gefieder. Breite schwarze Augenbinde ▼, Schnabel kräftig, hakig ▼. Sitzt auf Büschen und jagt von dort aus Insekten. Teilweiser Zugvogel. Wird selten.

Neuntöter

17 cm. Männchen: Kopf grau mit schwarzer Augenbinde ▼, Flügel rostrot, unterseits hellrot, schwarz-weißer Schwanz ▼. Weibchen hellbraun, unscheinbar. Bewohnt offenes Gelände mit Gebüschen und Dornhecken., jagt von dort fliegende Insekten. Zugvogel.

Misteldrossel

27 cm. Ähnlich wie Singdrossel gefärbt, allerdings mit größeren Tupfen am Bauch ▼. Im Flug sind die Flugunterseiten weiß ▼. Singt zwei laute, hohe Flötentöne in Folge. Sehr scheu, lebt in dichten Wäldern, nur selten im offenen Gelände zu sehen.

Singdrossel

21-23 cm. Rücken braun-olivfarben, heller Bauch mit dunklen Tupfen ▼. Im Flug erscheinen die Flügelunterseiten orange ▼. Singt mehrsilbige, sich wiederholende Flötentöne, z. B. „judith, judith, kühledieb, kühledieb" usw. Baut einfaches Nest ▼.

Rotdrossel

21 cm. Oberseite braun mit hellem Überaugenstreif ▼ und roten Körper- und Flügelunterseiten ▼. Als Wintergast in Mitteleuropa, nistet in Osteuropa und Skandinavien. Im Gebüsch am Rande der Tundra.

Wachholderdrossel

25-26 cm. Grauer Kopf ▼, graue Flügelunterseiten, dort mit Weiß ▼. Rücken grau mit Braun, Brust gelblich. Nistet in kleinen Gruppen und bewohnt lichte Birkenwälder, auch Nadelwald und Obstpflanzungen.

KLEINE BRAUNE SINGVÖGEL

Feldlerche

18 cm. Oberseite hellbraun, gestreift, unterseits weißlich. Sehr kurze Haube ▼. Im Flug erscheinen die Schwanzseiten weiß ▼. Singt im Flug lang anhaltend und laut einen wirbelnden Gesang. Stürzt sich fast senkrecht zu Boden. Bewohnt offenes Kulturland, Weidflächen, Wiesen.

Kalanderlerche

19 cm. Gedrungen. Am Hals mit auffälligem schwarzen Fleck ▼. Ohne Haube. Flügelunterseite dunkel, hinteres Ende hell. Singt wie Feldlerche im Flug. Bewohnt trockenes Gelände mit niedrigen Büschen. Kommt nur im Mittelmeergebiet vor.

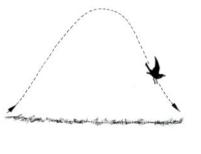

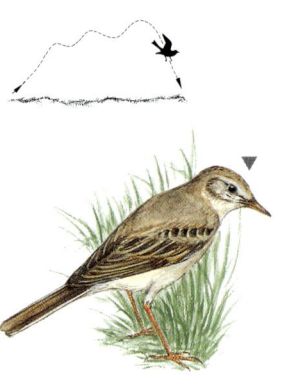

Brachpieper

16,5 cm. Hellbraun, oberseits nur wenig gestreift, Stirn und Wangen heller ▼. Beine und Schwanz lang, Unterseite nicht gestreift, beige. Balzflug wellenförmig. Singt im Flug oder am Boden „sihip". Bewohnt Heiden, Dünen, trockene Hänge, Weinberge. Zugvogel.

Wiesenpieper

14,5 cm. Oberseits braun-olivfarben, unterseits weißlich, dunkel gefleckt ▼. Ruft „ist-ist-ist". Gesang im Flug vorgetragen (Singflug), vom Boden aus wegfliegend. Bewohnt weite Wiesenflächen, Ödland, im Winter feuchte Standorte.

Zaunkönig

10 cm. Sehr kleiner Vogel mit kurzem, oft aufgerichtetem Schwanz ▼. Gefieder dunkel und quergestreift. Körper rundlich. Lebt versteckt im Gebüsch, singt laut schmetternd mit einem harten Triller. Bleibt den Winter über bei uns.

Sumpfrohrsänger

12-13 cm. Oberseits olivbraun ▼ mit hellem Oberaugenstreif ▼, Hals, Brust und Bauch hell. Gesang aus Nachahmungen anderer Vogelstimmen, oft mit „dip dip dip" beginnend. Singt auch nachts. Bewohnt feuchtes Gebüsch, Unkrautbestände, gebüschreiche Grabenränder.

Jungtier

♂

Gelbspötter

13 cm. Rücken braun-grünlich, unterseits gelb ▼, Beine blaugrau ▼. Spitzer Kopf ▼. Gesang aus scharfen Tönen, mit vielen Nachahmungen, dazwischen kennzeichnendes „dideroi". Bewohnt Obstpflanzungen, Waldränder und Gärten. Zugvogel. Bei uns nur Gelbspötter, in Spanien nur der sehr ähnliche Orpheusspötter.

Sperbergrasmücke

15 cm. Oberseits grau-braun ▼, Unterseite weißlich grau gestreift ▼. Jungtier nicht gestreift. Weibchen: braun mit gelben Augen. Gesang ähnlich Gartengrasmücke, aber kürzer. Kommt nur im östlichen Europa vor.

KLEINE SINGVÖGEL MIT TARNFARBENEM GEFIEDER

KLEINE SINGVÖGEL MIT TARNFARBENEM GEFIEDER

Gartengrasmücke

14 cm. Einfarbig braungrau ▼ mit rundlichem Kopf ▼, Unterseite heller. Lebt in unterwuchsreichen Wäldern, oft Schonungen, im Gebüsch. Langer, volltönender „orgelnder" Gesang. Nur selten zu sehen. Zugvogel.

Dorngrasmücke

14 cm. Männchen mit grauem Kopf, weißer Kehle und rosafarbenen Schwingensäumen, Flügel kastanienbraun ▼, Schwanz mit weißem Rand. Weibchen mit braunem Kopf. Melodischer Gesang oft in kurzem, tänzelnden Singflug. Bewohnt Dornhecken, Dickichte, Waldränder.

Nachtigall

16 cm. Oberseite braun, Unterseite graubraun, rotbrauner Schwanz ▼. Bewohnt dichte Laubwälder, besonders mit feuchtem Gelände, Ufergebüsch. Singt laut, strophenreich und wohltönend, nachts und tagsüber. Zugvogel.

Steinschmätzer

15 cm. Männchen: Kopf und Rücken grau ▼, Flügel und Augenbinde schwarz, Brust und Bauch rötlich bis beige. Weibchen oberseits graubraun ▼. Im Flug erkennt man den weißen Bürzel. Ruft „töck", Gesang kurz. Bewohnt offenes, trockenes Gelände. Zugvogel.

Blaumeise

11,5 cm. Einziger Kleinvogel mit blauem Scheitel ▼ und gelbem Bauch ▼. Dunkler Augenstreif. Sehr lebhaft. Singt „zi-zi-zirrrrr". In Laub- und Mischwäldern, Gärten, Wiesen.

Kohlmeise

14 cm. Häufige Meise, kenntlich am schwarz-weißen Kopf und gelben Bauch. Schwarzes Längsband beim Männchen breiter als beim Weibchen ▼. Singt laut „zi-zi-bäh, zi-zi-bäh, zi-zi-bäh". Wälder und Gärten, Wiesen.

Weidensperling

14,5 cm. Kastanienbrauner Oberkopf ▼, weiße Wangen, und schwarze Brust ▼, an den Flanken schwarz getupft. Weibchen wie Haussperling gefärbt (s. oben ▼, mit grauem Scheitel). Bewohnt Dörfer und offenes Gelände. Kommt nur im Mittelmeergebiet vor.

Feldsperling

13.5-14 cm. Scheitel kastanienbraun, Wangen weiß mit schwarzem Fleck ▼, Kehle schwarz ▼, Brust, Bauch weiß bis beige. Männchen und Weibchen gleich. Rufe kürzer und härter als beim Haussperling „tschicktschicktschick". Bewohnt Kulturland mit Bäumen, Feldgehölze.

SINGVÖGEL MIT BUNTEM GEFIEDER

Schwarzkehlchen

12,5 cm. Männchen: Kopf ▼, Kehle, Rücken und Schwanz schwarz, Halsseiten und Flügelfleck ▼ weiß. Bauch rötlich. Weibchen: Kopf, Rücken, Kehle braun, Bauch heller als beim Männchen. Gezwitscher, ruft „fit kr kr". Bewohnt Heiden, Hänge und Raine mit einzelnen Büschen.

Braunkehlchen

12,5 cm. Männchen oberseits braun, dunkel gefleckt, mit weißem Überaugenstreif ▼, weißer Schwanzwurzel und weißem Flügelfleck ▼. Weibchen wie Schwarzkehlchen-Weibchen, noch blasser. Ruft „fü-tick-tick". Bewohnt ausgedehnte Wiesen und Moore.

Rotkehlchen

13-13,5 cm. Leicht zu erkennen an orangefarbener Stirn, Kehle und Brust ▼. Knickst wenn es steht. Brütet am Boden, aber ist im unteren Geäst oft zu sehen. Gesang aus hohen, gepressten Tönen mit melodischem, abfallendem, sanftem Trillern. Gehölze, Waldränder, Gebüsch.

Gartenrotschwanz

14 cm. Männchen ist dreifarbig, außer weißer Stirn ▼. Weibchen grau-grünlich-beige, beide mit rostrotem Schwanz ▼, der immer leicht zittert. Wohltönender Gesang mit hohem langgezogenen Anfangston. Bewohnt Laub- und Mischwälder, Obstwiesen, Gärten. Zugvogel.

Grauammer

18 cm. Tarnfarbenes Gefieder, hellbraun mit dunklen Streifen. Kräftiger Schnabel ▼. Fliegt oft mit herabhängenden Beinen. Singt von hoher Warte aus „zickzickzick schnirrrps", letzteres klingt wie ein geschüttelter Schlüsselbund. Bewohnt offenes Gelände, Wiesen und Felder mit einzelnen Büschen.

Goldammer

16,5 cm. Männchen mit gelbem kopf ▼ und Bauch, oberseits braun gescheckt. Weibchen mit hellgelbem Kopf, kastanienbraunem Rücken ▼ und braun-gescheckten Flügeln. Gesang mit gedehntem Schlusston „zizizizizīiii". Bewohnt offenes Gelände mit Hecken, Büschen etc.

Zaunammer

16,5 cm. Männchen mit olivgrünem Kopf, schwarzem Augenstreif ▼ und schwarzer Kehle. Weibchen mit olivegrünem Bauch, sonst braun gescheckt. Gesang ist ein klirrendes Klappern. Bewohnt Obstwiesen, hohe Hecken.

Ortolan

15,5 cm. Männchen: Kopf und Brust olivgrün ▼, Kehle gelb ▼, unterseits rötlich, Flügel braun gescheckt. Weibchen: tarnfarbenes Gefieder ▼. Gesang goldammerähnlich, aber weicher und schwermütiger. Offene Landschaften mit Bäumen und Hecken. Selten.

KLEINE SINGVÖGEL MIT KRÄFTIGEM SCHNABEL

KLEINE SINGVÖGEL MIT KRÄFTIGEM SCHNABEL

Kappenammer

17 cm. Männchen: schwarzer Kopf ▼ und leuchtend gelber Bauch ▼, Flügel braun. Weibchen: beige-braun, Flügel braun gestreift. Bewohnt Buschlandschaften und Olivenhaine. Kommt nur im östlichen Mittelmeergebiet vor.

Kernbeißer

17-18 cm. Vogel mit auffallend dickem Schnabel ▼ (zum Aufknacken von Nüssen und Kirschkernen). Flügel schwarzblau schimmernd mit besonders ausgeformten Federn ▼. Lebt versteckt in den Baumwipfeln. Ruft scharf „zick" oder „zieh".

Buchfink

15 cm. Männchen mit roter Brust ▼, graublauem Kopf ▼ (im Winter braun) ▼ und grünem Bürzel. Weibchen rostbraun, ebenfalls grünlicher Bürzel. Laufen oder hüpfen am Boden. Gesang laut schmetternd, am Ende der Strophe ein „kick" angehängt. Wiesen und Gehölze.

Grünling

14,5 cm. Recht großer ungestreifter gelbgrüner Fink mit kräftigem Schnabel ▼ und gelblichen Flecken auf den Flügeln ▼ und am Schwanz ▼. Bewohnt Gärten, Parks. Ernährt sich von Körnern, manchmal von Insekten. Standvogel. Sehr häufig.

Stieglitz

12 cm. Gefieder in beige (Bauch und Rücken), schwarz (Flügel und Schwanz ▼), gelb (Flügel ▼), weiß (Bauch und Kopf) und rot (Kopf ▼). Ruft „stigelitt", fliegt hüpfend, sehr lebhaft. Gesang flüssiges Zwitschern mit schmetternden Strophen. Bewohnt Gärten, Obstwiesen, Ödland.

Hänfling

13,5 cm. Männchen: Stirn und Brust rot ▼, restlicher Kopf grau ▼, Bauch weiß und Flügel braun. Im Flug weiße Flügelbinde sichtbar ▼. Weibchen beige-braun mit länglichen dunklen Punkten. Bewohnt offenes Gelände wie Heiden, Waldränder, Hecken.

Karmingimpel

14,5 cm. Männchen: Kopf ▼, Brust, Hals und Schwanzwurzel rot, Flügel und Schwanz braun. Weibchen: braunes, tarnendes Gefieder. Jungvögel ganz ohne rot, wie Haussperling, mit dunklen Flecken auf der Brust. Feuchte und buschreiche Wiesen, Ufergebüsch. Nur im östlichen Europa.

Gimpel (Dompfaff)

15-16 cm. Großer Fink mit auffallend rotem Bauch (Männchen) und kurzem schwarzen Schnabel ▼. Schwarzer Kopf. Im Flug der weiße Bürzel erkennbar ▼. Ruft sanft pfeifend „dü". Bewohnt Wälder, Parks, Wiesen mit Bäumen.

KLEINE SINGVÖGEL MIT KRÄFTIGEM SCHNABEL

SCHLANGEN

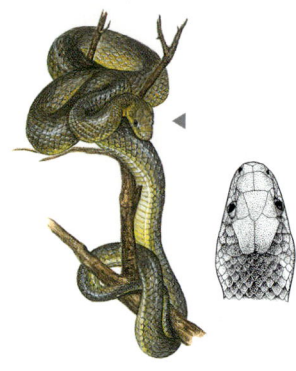

Äskulapnatter

110-200 cm. Kopf schmal, länglich, Pupillen rund ▼. Oberseits braun, grünlich, gelblich, unterseits fast einfarbig gelb. Junge: mit gelbem Halsband. Trockenes, sonniges Gelände, durchsonnte Laubwälder, Gebüsch und Wiesen.

Ringelnatter

50-200 cm. Große Schlange mit breitem Körper. Kopf rundlich, Pupillen rund. Körper grau, braun oder grünlich ▼, mit charakteristischem gelben Band hinter dem Kopf ▼. Schwimmt gut.

Aspisviper

50-85 cm. Relativ kleine Schlange mit gedrungenem Körper, Kopf breit, dreieckig ▼, Pupillen vertikal ▼. Färbung variabel von braun, rostrot oder schwärzlich, mit dunklem Zickzack-Muster. Besonntes Gelände, felsig, unter Büschen.

Kreuzotter

50-80 cm. Gedrungene Schlange mit großen Kopfschuppen ▼. Pupillen senkrecht. Dunkles Zickzack-Band auf dem Rücken. Giftig! Meidet die pralle Sonne. Lebt in Wäldern, an Wald- und Feldrändern.

EIDECHSEN

Europäischer Halbfinger

9-12 cm. Kleiner, kräftiger Gecko mit langem Schwanz, graubraun gestreift ▼, unterseits hellgrau mit schuppiger Haut, die sich weich anfühlt. Unter den Füßen Haftlamellen ▼, mit denen er senkrechte Flächen hinauf laufen kann. Pupillen vertikal ▼. Nur im Mittelmeergebiet.

Smaragdeidechse

20-40 cm. Echse mit langem Schwanz. Oberseits grün, unterseits gelb. Männchen: während der Paarungszeit mit leuchtend blauer Kehle ▼. In Weinbergen, Obstgärten, Trockenmauer, da sehr wärmebedürftig.

Zauneidechse

22 cm. Kräftige Eidechsen mit vergleichsweise gedrungenem Körperbau und kurzen Beinen. Männchen grün, Weibchen grau oder braun. Leben ausschließlich in trockenem Gelände: Gärten, Straßen- und Wegränder, Mauern.

Blindschleiche

30-50 cm. Beinlose Eidechse mit runden Pupillen und abgerundetem, drehrundem Schwanz ▼. Oberseits braun, grau, schwärzlich oder kupfern mit dunklen Längsstreifen. Weibchen größer. Körperbewegung steif wirkend (nicht schlangenartig). Bodenfeuchtes, halbschattiges Gelände.

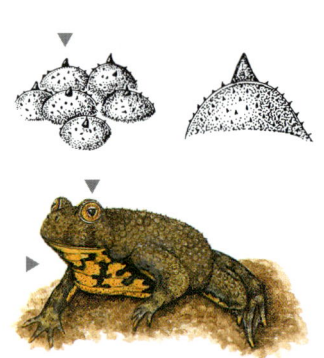

Gelbbauchunke

4-5 cm. Körper abgeflacht, Unterseite gelb und schwarz gefleckt ▼, gelbe Oberschenkel. Warzen mit Hornstacheln ▼. Pupillen herzförmig ▼. Paarungsrufe traurig-melodisch „Uuh ... uuh ...". Lebt an kleinen Tümpeln.

Geburtshelferkröte

4-5 cm Oberseite graubraun oder grau-olivfarben mit dunklen Warzen, unterseits grau. Schnauze rundlich ▼. Männchen heftet die Eier an seinen Rücken und trägt sich mit sich herum, bis die Larven schlüpfen ▼.

Erdkröte

8-12 cm. Größte Kröte Europas, mit gedrungenem Körper und bräunlich warziger Haut. Große Ohrdrüsen ▼, Pupille horizontal. Weibchen größer als Männchen ▼, dieses mit Brunftschwielen an den Zehen. Nachtaktiv. Verschiedene Lebensräume, vom Wald bis in die Stadt, an Mauerfugen und Höhlungen von Wurzeln.

Laubfrosch

5 cm. Kleiner kletternder Frosch mit Haftscheiben an den Zehen ▼. Oberseits meistens einfarbig hellgrün mit seitlichem braunen Band ▼, manchmal auch gefleckt. Kann Farbe schnell wechseln. Nachtaktiv. Lebt in Gebüschen und im Wald.

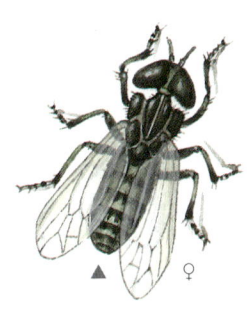

Rinderbremse

19-25 mm. Gedrungen. Dunkel gefärbt, Hinterleib gestreift ▼ (mit rötlichen Flanken). Augen sehr groß, Fühler kurz. Auf Wiesen, in Gewässernähe, Weiden, Parks. Seltener als früher. Larven leben im Uferschlamm. Weibchen saugen Blut an Rindern, Pferden, auch am Menschen.

Kohlschnake

15-26 mm. Ähnelt einer sehr großen Stechmücke mit langen Beinen ▼, saugt aber kein Blut, sondern Nektar. Männchen kleiner als Weibchen, dunkel oder grau gefärbt. Larven fressen an Luzernen, Klee und anderen Kulturpflanzen. Wiesen, Gärten, Wälder.

Hornissenraubfliege

15-30 mm. Fliege mit gelbem und zugespitztem Hinterleib ▼, sonst dunkel. Fliegt sehr gut und schnell, erjagt andere Insekten. Larven leben in Kuhfladen und anderem Dung. Auf Wiesen, Weiden, in Gehölzen. Fast den ganzen Sommer zu sehen.

Schmeißfliege

8-12 mm. Kopf und Mundwerkzeuge rötlich, sonst schwarz mit metallisch blau oder grün glänzendem Hinterleib ▼. Auf Wiesen, in Dörfern, dort oft in Häusern. Larven fressen an totem Fleisch. Häufig.

FLIEGEN UND SCHNAKEN

GROSSE SCHMETTERLINGE

Admiral

55 mm. Auffällige rote Bänder auf schwarzem Grund, obere Vorderflügelspitzen weiß gefleckt ▼. Lebt in den Niederungen, doch kann auch gut in höhere Höhenlagen fliegen. Raupen in eingerollten Blättern der Brennnessel. Auf Wiesen, in offenem Gelände, Parks.

Distelfalter

55 mm. Flügel rot und braun, mit großen schwarz-weißen Flecken an den vorderen Flügelspitzen ▼. Fliegt März-Oktober, gehört zu den bekanntesten Wanderarten, er überwintert bei uns nicht. Raupen leben auf Disteln, Brennnesseln und Hopfen.

Kleiner Fuchs

47 mm. Einer der häufigsten Schmetterlinge, Flügel rot, gelb, schwarz gefleckt, an den Rändern mit blau-schwarzem Band ▼. Überwintert als Schmetterling (manchmal in Häusern). Lebt auf Wiesen, Obstwiesen, in Gärten. Raupen ▼ auf Brennnesseln.

Tagpfauenauge

58 mm. Bunter Schmetterling, charakteristisch mit seinen kreisrunden Zeichnungen auf den inneren Flügelspitzen ▼, Hinterflügel ebenfalls mit Augenzeichnung ▼. Fliegt von April-September, häufig auf Beetblumen und Kleefeldern zu finden. Raupen auf Brennnesseln.

Blutströpfchen

40 mm. Vorderflügel dunkel mit roten Punkten ▼, Hinterflügel rot mit schwarzem Rand. Fliegt etwas schwerfällig, an feuchten Wiesen und an Waldrändern. Tagaktiv. Die Raupe überwintert in einem Kokon.

Kleiner Feuerfalter

32 mm. Flügel orange-rot ▼ mit dunklen Flecken, Hinterflügel mit rotem Band und deutlicher Einkerbung ▼. An trockenen blütenreichen Wiesen, fliegt bis spät in den Herbst hinein. Raupe lebt auf Ampfer und Knöterich und überwintert.

Hauhechelbläuling

32 mm. Männchen blau-violett mit schwarzweißen Band am Flügelrand ▼, Weibchen braun mit orangefarbenen Flecken am Flügelrand. Fliegt vom Frühling bis Herbst. Raupen auf Luzernenklee; überwintert. Häufig.

Roter Scheckenfalter

37 mm. Flügel orange-rot mit dunklen Flecken und schwarzweiß gerandet ▼. Unterseite ohne Flecken. Hinterleib gelb geringelt. Auf trockenen Wiesen. Raupen leben auf Wegerich, Ehrenpreis etc.

KLEINE SCHMETTERLINGE

SCHMETTERLINGE MIT GROSSEM KÖRPER

Großes Wiener Nachtpfauenauge

100-130 mm. Größter europäischer Nachtschmetterling. Fühler beim Männchen stark gefiedert ▼ (beim Weibchen kleiner). Die Falter fliegen nachts oft um Lichtquellen und können wegen ihrer Größe an eine Fledermaus erinnern! Nehmen als Falter keine Nahrung zu sich. Raupen fressen an Obstbäumen.

Saateule

27-40 mm. Größe und Färbung sehr variabel: Vorderflügel bläulich, braun oder schwarzbraun, Hinterflügel hell ▼. Fliegt im Sommer. Raupen auf Getreide, richten z. T. große Schäden an. Überwintert als Raupe.

Ligusterschwärmer

90-120 mm. Beige und schwarz, Hinterleib rosafarben geringelt ▼. Flügel am Grund ebenfalls rosa gefärbt. Fliegt in der Dämmerung, saugt Nektar an Blüten von Ziersträuchern. Steht im Flug vor den Blüten. Raupen leben auf Flieder, Liguster etc. Puppe überwintert im Boden.

Totenkopf

80-120 mm. Kopf und Brust dunkelbraun mit gelblicher Zeichnung, die an einen Schädel erinnert ▼. Hinterleib schwarz-gelb geringelt. Falter wird oft vom Honigduft angelockt und dringt in Bienenstöcke ein. Die Bienen töten den Falter. Hauptsächlich nur im südlichen Europa.

Großer Kohlweißling

50-65 mm. Weibchen weiß mit schwarzen Flecken ▼ und schwarzen vorderen Flügelspitzen. Fliegt April-September, in Gärten, auf Feldern. Raupe frisst an Blättern von verschiedenen Kreuzblütern, z. B. Weißkraut, Kohlrabi.

Apfelwickler

14-18 mm. Kleiner Falter mit auffälliger Zeichnung auf den Vorderflügeln ▼. Er lebt überall dort, wo Äpfel angebaut werden. Falter fliegt von Mai-August, Raupe entwickelt sich in reifen Äpfeln, verspinnst sich in Spalten und unter der Rinde von Obstbäumen, überwintert dort.

Stachelbeerspanner

35-40 mm. Kann wegen seiner variablen Färbung anhand dieser nicht bestimmt werden ▼. War früher häufiger und richtete z. T. großen Schaden an. Die Raupe lebt an Beeren, Schlehe, Pfirsich, Haselnuss. Sie überwintert.

Maiszünsler

26-30 mm. Die Falter fliegen von Mai-September. Lebt an Feldern. Die Raupen ▼ sind weißlich, leben in den Stängeln von Mais, Sonnenblumen und Hanf, von denen sie sich ernähren. Ursprünglich nur in Europa hat er sich weltweit verbreitet und ist in der Landwirtschaft ein gefürchteter Schädling.

SCHÄDLICHE SCHMETTERLINGE

Dolchwespe

30-50 mm. Eine der größten europäischen Hautflügler-Arten (können sogar bis 60 mm lang werden). Weibchen: Kopf orangebraun mit schwarzer Stirn ▼. Männchen: Kopf schwarz mit dicken Fühlern. 4 gelbe Flecken auf dem Hinterkörper ▼. Sticht nicht. An warmen, sonnigen Orten, meist auf Blüten. Nicht in Deutschland.

Grabwespe

16-28 m. Wespen mit sehr langer und dünner Taille, beim Weibchen gelblich ▼. Sichtbar Frühjahr bis Herbst. Unterirdisches Nest: das Weibchen bringt gelähmt Raupen dorthin, die den Larven als Nahrung dienen. Nistet im Sand.

Erdhummel

13-25 mm. Stark behaarter, rundlicher Körper mit zwei orangefarbenen Streifen ▼ auf Brust und Hinterleib und weißlichem Hinterende ▼. Nach dem Überwintern gräbt die Königin ein unterirdisches Nest. Fliegt ab März. Weibchen größer als Männchen. Bestäuben verschiedenste Blütenarten. Häufig.

Honigbiene

14-18 mm. Körper behaart, seit langem in Europa heimisch, vor allem in Bienenhaltungen. Wildlebende Völker in hohlen Bäumen o. ä. Kolonie mit 50 000 Tieren, hauptsächlich Arbeiterinnen ▼, die mit den „Pollenbürsten" an den Hinterbeinen den Blütenstaub in den Stock bringen. Im Stock leben auch eine Königin und mehrere Drohnen.

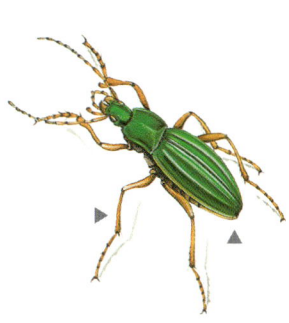 

Goldschmied

17-30 mm. Halsschild und Flügeldecken mit Gold- oder Messingschimmer ▼. Kopf und Brustunterseite kupferfarben, Beine rötlich ▼. Läuft sehr schnell. Ernährt sich von Schnecken und Insekten. Viele lokale Rassen auf Hügeln und im Gebirge. Häufig auf Kulturland.

Behaarte Schnellkäfer

11-16 mm. Schwarzer oder dunkelbrauner Laufkäfer mit rötlichen Fühlern und Beinen ▼. Lebt unter Steinen, manchmal im Pflanzenstreu. Ernährt sich von Schnecken oder Pflanzenresten. Auf Wiesen, in Kulturlandschaften. Häufig.

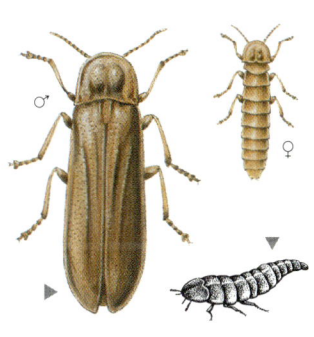 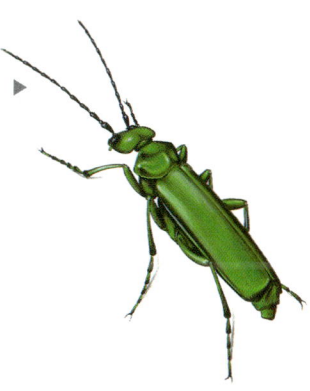

Glühwürmchen

11-16 mm. Flugunfähige Weibchen locken mit ihrem grünlichen Leuchten die Männchen an. Männchen mit Flügeln ▼, leuchten ebenfalls, aber intermittierend. Larven ▼ jagen Schnecken, die sie durch ihren Biss lähmen.

Spanische Fliege

12-21 mm. Metallisch grün glänzender Käfer mit dunklen Fühlern ▼. Ab Juni auf Eschen, Flieder und Liguster, deren Blätter er frisst. Scheidet bei Beunruhigung das Gift Cantharidin an den Kniegelenken aus. Larven in Nestern solitärer Bienen.

KÄFER MIT GEDRUNGENEM KÖRPER

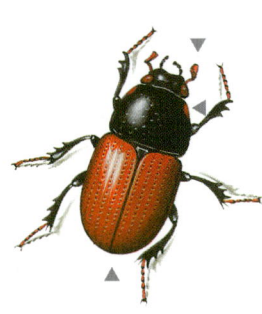

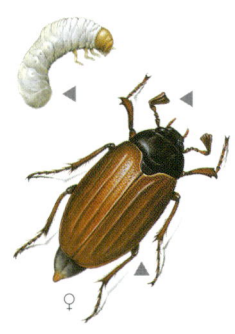

Gemeiner Dungkäfer

5-8 mm. Eine kleine Art unter den Dungkäfern, mit roten Flügeldecken ▼. Brustschild, Bauch und Kopf schwarz ▼. Fühler lamellenförmig („Blätterkeule"). Auf Wiesen und Weiden. Larven entwickeln sich in Mist- und Dunghaufen. Häufig.

Maikäfer

20-29 mm. Brauner, behaarter Käfer mit befächerten Fühlern und abgespitztem Hinterende, Flügeldecken mit Streifen ▼. Frisst an verschiedenen Laubhölzern, Engerlinge ▼ an Pflanzenwurzeln. Nur bei Massenvermehrung schädlich.

Rosenkäfer

14-20 mm. Meist metallisch grün gefärbt, auch kupferfarben, mit weißen Querlinien am Hinterende ▼. Fliegt im Sommer. Gärten, Gebüsche, Wiesen. Ernährt sich von Pollen und Blütennektar.

Gartenlaubkäfer

8-12 mm. Brustschild grün bis schwarz ▼, Flügeldecken rostrot ▼. Behaart. Fliegt im Sommer, in Gärten, Wiesen, Gebüsche, Gehölz. Ernährt sich vom Laub der Bäume, die Larven fressen die Wurzeln.

Rothalsbock

10-19 mm. Beim Weibchen Flügeldecken und Brustschild rot, beim Männchen Flügeldecken gelblichorange, Brust schwarz ▼. Flügeldecken verschmälern sich nach hinten. Käfer ernähren sich von Doldenblüten am Waldrand, wo sie häufig sitzen. Larven in totem Nadelholz oder an Wurzeln.

Lilienhähnchen

6-8 mm. Lebhaft rot gefärbt. Kopf, Beine und Fühler schwarz ▼. In Gärten, Gehölzen, Parks, Wiesen. Ernährt sich auf vielen Lilienarten. Überwintern. Kann mit Flügeldecken stridulieren.

Kartoffelkäfer

6-10 mm. Leicht wiedererkennbar an seiner schwarz-gelb gestreiften Zeichnung ▼. Larven rot, fressen Laub der Kartoffelpflanzen, richtet dort wegen Massenvermehrung großen Schaden an. Ursprünglich aus Nordamerika, seit 1874 nach Europa eingeschleppt. Bewohnt Felder und Gärten.

Phyllotreta undulata

2-3 mm. Schwarzer Blattkäfer mit breiten gelben Bändern an beiden Seiten der Flügeldecken ▼. Bein schwarz und gelb. Hinterbeine vergrößert, damit kann er wegspringen. Käfer fressen Blätter, Larven die Wurzeln von Gemüse.

SCHNELLKÄFER UND RÜSSELKÄFER

Saatschnellkäfer

7-11 mm. Braun oder gelblicher schmaler Käfer, Flügeldecken verjüngen sich ▼, gestreift. Brustschild dunkelbraun. Felder, Wiesen. Larven sind kurzbeinig und langgestreckt. Man nennt sie deshalb Drahtwürmer; sie schädigen Feldfrüchte und Getreide.

Luzerne-Dickmaulrüssler

9-12 mm. Gedrungen. Schwarz mit gelblichen Längsstreifen. Rüssel kurz ▼, deutlich gegliederte und bauchige Füße ▼. Wiesen, Weiden, leben in Grasbulten. Larven fressen an Wurzeln von z. B. Luzerne.

Apfelblütenstecher

3,5-4,5 mm. Kleiner dunkelbrauner Rüsselkäfer mit hellbraunen Flecken und Rillen auf den Flügeldecken ▼. Käfer und Larven ernähren sich von Pollen aus Apfel- und Birnblüten. Überwintern unter der Rinde der Bäume.

Haselnussbohrer

5-7 mm. Rüssel sehr lang und schmal ▼, hauptsächlich beim Weibchen. Damit fressen sie einen Gang in junge Haselnüsse, in den sie ihre Eier ablegen. Die Larve ernährt sich von der Haselnuss. Fühler geknickt ▼.

ZIKADEN

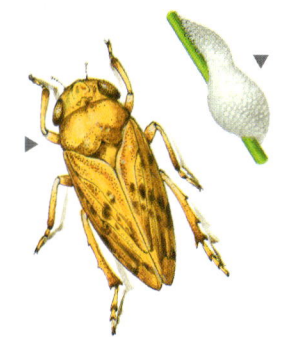

Cicadella viridis

5-10 mm. Zwergzikade mit grünen (Weibchen) oder blauen (Männchen) Hinterflügeln. Brustschild gelblich, darunter gelbliches Dreieck zwischen den Flügeln. Zwischen den großen Augen 2 schwarze Punkte. Feuchte Wiesen, Weiden. Fliegt im Sommer.

Wiesenschaumzikade

5-6 mm. Körper beigebraun, Kopf und Brustschild rötlich ▼. Flügeldecken mit variablen Muster. Stechapparat unter Kopf und Brust eingeklappt. Larven leben in selbsterzeugten Schaumballen (Name) ▼, auch „Kuckusspeichel" genannt, an niedrigen Kräutern befestigt. Wiesen.

Apfelblattfloh

2-3 mm. Färbung variabel, von grün (Frühling und Sommer) bis beige-braun (Herbst). Flügel haben nur längliche Adern ▼. Larven fressen an Apfelschösslingen, können Schäden anrichten. Häufig auf Apfelbäumen.

Schwarze Bohnenlaus

2-3 mm. Blattlaus. Am Hinterkörper mit zwei kleinen röhrenartigen Anhängseln ▼. Komplizierte Entwicklung: es gibt geflügelte und flügellose Generationen, solche, die sich sexuell fortpflanzen oder mit Jungfernzeugung. Halten sich zeitweise in Massen auf den Pflanzen auf ▼.

INSEKTEN MIT BESONDEREN FLÜGELN

Getreidethrips

1-2 mm. Körper schwarz, schlank und flach mit schmalen, lang gefransten Flügeln ▼. Schwärmt zu Tausenden, sobald das Getreide reift (im Volksmund als „Gewitterfliege" bezeichnet). Legen in Ähren ihre Eier ab. Weibchen mit kurzem Legebohrer ▼. Überwintern oft in Häusern.

Sichelwanze

8 mm. Körper grau gelblich, schlank, weich. Brustschild mit 3 länglichen Rippen. Flügel überragen den Hinterleib ▼. Ernährt sich von anderen Insekten, Käfern etc. Lebt auf Wiesen.

Streifenwanze

8-12 mm. Leicht bestimmbar durch schwarz-gelb gestreifte Zeichnung des gesamten Körpers ▼. Immer auf Doldenblütlern zu finden: an Straßenrändern, auf Wiesen, an warmen und sonnigen Standorten. Fliegt im Sommer, ernährt sich von Pflanzensäften.

Palomena prasina

10-15 mm. Lebhaft grüne Baumwanze, die aber im Herbst vor der Überwinterungen braun wird. Brustschild gelbgerandet ▼. Beine gelblich oder bräunlich. In Gärten, Gehölzen, Wiesen. Dort auf Doldenblütlern.

GRASHÜPFER

Großes Heupferd

25-46 mm. Körper grün mit langen, dünnen Fühlern, langen Flügeln und den typischen Sprungbeinen. Augen rot. Das Weibchen besitzt langen Legebohrer ▼. Wiesen, Parks, Gehölze. Ernährt sich von Pflanzen und anderen Insekten.

Saga pedo

60-80 mm. Eines der größten europäischen Insekten. Hellgrüner Körper mit hellem Seitenstreifen und gestachelten Beinen. Weibchen flügellos, mit langem Legebohrer ▼ Ernährt sich von kleinen Grillen. Ausgewachsene Männchen fehlen! Nur im österreichischem Burgenland und an Mittelmeerküsten.

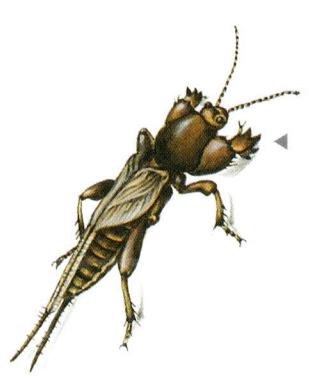

Maulwurfgrille

40-60 mm. Unverwechselbar mit seinen großen maulwurfsartigen Grabschaufeln ▼. Flügel kurz, Körper dunkelbraun. Ernährt sich von Insektenlarven, die sie im Boden findet. Stridiuliert. In Gärten, auf Wiesen. Nachtaktiv.

Gottesanbeterin

42-75 mm. Große Fangschrecke mit kleinem dreieckigen Kopf. Vorderbeine sind als Fangwerkzeuge ausgebildet ▼, womit sie ihre Beute fängt und festhält. Körper grün oder braun, Männchen kleiner als das Weibchen. Nur in sehr warmen Regionen, z. B. Kaiserstuhl. In Wiesen und Gebüschen.

SPINNEN

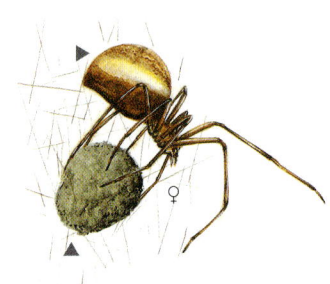

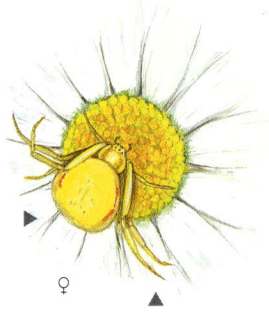

Kugelspinne

3-5 mm. Hinterleib kugelförmig, schwarz-weiß gezeichnet ▼. Beine dünn, glänzend, 8 Augen. Erzeugen ein zähes leimartiges Sekret, mit dem sie ihre Beute bewerfen und bewegungsunfähig machen. Bauen unregelmäßige Netze.

Veränderliche Krabbenspinne

Männchen 4 mm, Weibchen 7-11 mm. Baut keine Netze, sondern lauert Beute in Blüte auf. Charakteristisches Aussehen: die beiden ersten Beinpaare sind verlängert ▼, damit packt sie die Beute. Frisst Fluginsekten, die sie vorher mit Gift lähmt. Leuchtend gelb gefärbt ▼.

Wolfsspinne

6-8 mm. Baut keine Nester, sondern jagt Beute im Laufen. Sehr große Augen. Weibchen transportiert Eikokon mit sich herum ▼. Feuchte Wiesen, am Rand von Gewässern.

Zebraspringspinne, Mauer-Hüpfspinne

5-7 mm. Eine der bekanntesten Springspinnen, mit charakteristischer Zeichnung ▼. Webt keine Netze, sondern lauert ihrer Beute auf und überwältigt sie mit einem Sprung. Hält sich auf sonnenbeschienenen Hauswänden, Zäunen, Steinen auf.

SCHNECKEN

Weinbergschnecke

Etwa 4-5 cm. Haus graubraun oder beigebraun, Körper grau-gelblich. Lebt auf Wiesen, Gärten, Weinbergen und ernährt von krautigen Pflanzen. Zieht sich bei Gefahr oder bei Trockenheit in ihr Haus zurück; wird bei Winterruhe mit einem Kalkdeckel ▼ verschlossen.

Weißmündige Bänderschnecke

Bis 2 cm. Lebt in Gärten und Parks. Färbung variabel. Haus mit mehreren Rillen und Streifen ▼, die manchmal zusammenfließen oder ganz fehlen. Gute Kletterer!

Wegschnecke

10-15 cm. Färbung schwarz, rötlich oder braun, auffälliges Atemloch an der rechten Schildseite ▼ nahe des Kopfes. Häufig in Parks, Gärten, Feldern, kommt häufig bei Regen an die Bodenoberfläche. Hinterlässt deutliche Schleimspur.

Großer Schnegel

Bis 20 cm. Ernährt sich hauptsächlich von Pilzen und Flechten. Färbung sehr variabel, von grauschwarz bis beigebraun, mit dunklen Flecken ▼. Unterseits schwarz-weiß.

Berberitze

1-3 m. Reich verzweigter aufrechter Strauch mit Dornen. Junge Triebe kantig. Blüten gelb, Mai-Juni, in hängenden Trauben ▼. Früchte lebhaft rot ▼. Im Saum sommerwarmer Gebüsche, an Waldrändern.

Hunds-Rose

1-5 m. Sommergrüner, rundlicher Busch mit überhängenden Zweigen oder als Spreizklimmer im Gebüsch. Blüten groß, rosafarben, meist einzeln, Mai-Juli. Früchte (Hagebutten) rot, eiförmig ▼. An Wald- und Wegrändern, auf warmen Standorten. Häufig.

Schlehe

1-4 m. Dicht verzweigter Strauch, dornig bewehrt. Blätter wechselständig, klein, gezähnt. Blüten weiß ▼, klein, erscheinen vor Blattaustrieb, April-Mai. Früchte blauschwarz, bereift, kugelig ▼. An vollsonnigen Stellen, häufig.

Eingriffeliger Weißdorn

4-10 m. Strauch oder Baum, dornig bewehrt. Blätter tief fiederspaltig, Lappen gezähnt. Blüten weiß ▼, in Schirmrispen, wohlriechend, April-Mai. Früchte rot ▼, kugelig, bleiben am Baum. In sonnigen Gebüschen, Waldrändern. Häufig.

Pfaffenhütchen

2-6 m. Reichverzweigter Strauch oder kleiner Baum. Blätter gegenständig, länglich-lanzettlich bis eiförmig, zugespitzt. Blüten unauffällig grünlich weiß, April-Mai. Früchte lebhaft rosa mit vier reifen orangefarbenen Samen ▼. In Laubmischwäldern, an Waldsäumen, Wegrändern. Häufig.

Purgier-Kreuzdorn

2-5 m. Sparrig verzweigter Strauch, dornig bewehrt. Blätter gegenständig, lang gestielt, fein gesägt ▼. Blüten in wenigblütigen Scheindolden, Mai-Juni. Früchte schwarzviolett ▼. An Waldsäumen und in Gebüschen.

Roter Hartriegel

2-5 m. Reichverzweigter Strauch oder kleiner Baum mit breit ausladender Krone. Zweige färben sich im Herbst dunkelrot ▼. Blüten weiß, in schirmförmigen Rispen, Mai-Juni. Früchte blauschwarz ▼. In Gebüschen, in lichten Laubwäldern.

Liguster

2-4 m. Reich verzweigter Strauch. Blätter klein, eiförmig-lanzettlich, gegenständig, wintergrün. Blüten in Trauben, weiß ▼, wohlriechend. Früchte schwarz, kugelig ▼. Gebüsche, Waldsäume.

BÄUME UND STRÄUCHER

Gewöhnlicher Schneeball

2-4 m. Reichverzweigter Strauch oder kleiner Baum. Blätter 3-5lappig, gegenständig ▼. Blüten weiß, in endständigen breiten Schirmrispen ▼, Mai-Juni. Früchte rot, kugelig ▼. An Waldrändern, in Hecken.

Wolliger Schneeball

1-3 m. Reich verzweigter Strauch, Zweige filzig behaart. Blätter gegenständig, oval, ledrig, oberseits runzelig, gezähnt ▼. Blüten weiß, in Schirmrispe, filzig behaart, Mai-Juni. Früchte oval, zunächst rot, dann schwarz ▼. In sommerwarmen Saumgesellschaften.

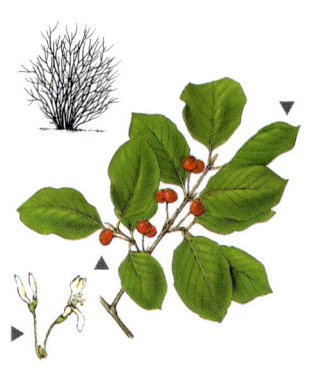

Rote Heckenkirsche

1-3 m. Reichverzweigter Strauch mit weich behaarten Zweigen. Blätter ganzrandig. Gegenständig ▼. Blüten cremefarben, zu 2-4 in Gruppen, blattachselständig, mit langen Staubblättern ▼, Mai-Juni. Früchte rot, länglich-eiförmig ▼. An Waldsäumen, in Gebüschen.

Gewöhnliche Waldrebe

Sommergrüne, bis 30 m hoch kletternde Liane. Blätter gegenständig, unpaarig gefiedert. Hält sich mit Blattstielen, Fiederstielen oder Blattspindel fest ▼. Blüten weiß mit zahlreichen Staubblättern ▼, Juni-September. Früchte mit langen bewimperten Haaren ▼, Flugorgan. Feuchte Waldränder.

Vogelmiere

5-30 cm. Blätter ganzrandig, gegenständig. Blüten einzelstehend ▼, weiß mit gelben Staubbeuteln., März-Oktober. Felder, Wiesen, feuchte Wälder. Gilt in Gärten als Unkraut, weil es schwer herauszubekommen ist.

Hühnerbiss

50-200 cm. Ausdauernd. Kletterstängel, mit denen sich die Pflanze um den Untergrund windet ▼. Blüten endständig, grünlich weiß ▼, mit zweigelappten Blütenblättern, Juli-September. Früchte kugelig, schwarz, von 5 Kelchblättern umrandet. Gräben, gewässernah.

Bittere Schleifenblume

10-40 cm. Einjährig. Blätter gezähnt oder gelappt ▼, am Rand behaart. Blüten weiß oder hellviolett, traubig, Mai-September. Früchte geflügelt. Felder, auf kalkhaltigen Böden.

Lauchkraut, Knoblauchrauke

20-120 cm zweijährig. Pflanze riecht beim Zerreiben stark nach Knoblauch. Stängel aufrecht, Blätter ungeteilt, nieren-herzförmig, gekerbt ▼. Blüten weiß, traubig ▼, April-Juni. Früchte schmal, länglich, bis 7 cm. An Waldrändern, Wegrändern, in Gebüschen.

KRAUTIGE PFLANZEN MIT WEISSEN BLÜTEN

KRAUTIGE PFLANZEN MIT WEISSEN BLÜTEN

Knöllchen-Steinbrech

20-50 cm. Ausdauernd. Am Grund des Stängel mit Knöllchen, wenigblättrig, klebrig behaart. Grundblätter langgestielt, nierenförmig, gekerbt. Stängelblätter keilförmig, 3- bis 5-spaltig. Auf Wiesen, Halbtrockenrasen. Mai-Juni.

Kleines Mädesüß

15-80 cm. Ausdauernd. Blätter einfach gefiedert, in 8-30 Paaren. Teilblättchen fiederspaltig bis gesägt. Stängel oben fast blattlos, aufrecht. Blüten in Trugdolden, weiß ▼, Mai-August. Auf Wiesen, die zeitweilig feucht, zeitweise trocken sind.

Weiß-Klee

1-30 cm. Ausdauernd. Stängel niederliegend, kriechend, an den Knoten wurzelnd ▼. Blätter dreilappig, je rundlich, gezähnt, mit weißlichen Malen ▼. Blüten in eiförmigen Köpfchen ▼, weiß, duftend, Mai-Oktober. Wiesen, Weiden, Rasen.

Hundspetersilie

10-80 cm. Unangenehmer Geruch. Aufrechter Stängel mit gefiederten Blättern. Blüten weiß in Schirmdolden, mit drei auffallend vergrößerten Hüllblättchen. Im Gegensatz zur ähnlichen Garten-Petersilie ist diese Art giftig! Auf Hackfruchtäckern, Schuttplätzen und in Gebüschen. Juni-Oktober.

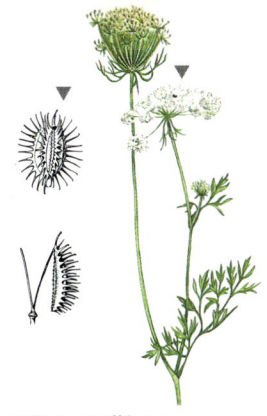

Wilde Möhre

25-100 cm. Zweijährig. Blüten in Dolden, in der Mitte der Dolde meist eine schwarzpurpurne Blüte. Dolde flach ▼, während der Fruchtreife nestförmig. Juni-September. Früchte schmal, mit Widerhaken besetzt ▼. Stängel behaart, gefurcht. Blätter 2- bis 3-fach gefiedert. Auf Halbtrockenrasen, Wiesen, Unkrautbestände.

Venuskamm

10-50 cm. Einjährig. Blätter stark gefiedert ▼. Blüten in Dolde, weiß, September-Juli. Früchte lang und schmal (1,5-8 cm). Offene, trockene Landschaft, auf kalkhaltigen Böden. Auf Getreideackerflächen fast verschwunden.

Rote Zaunrübe

2-4 m. Ausdauernd. Stängel kletternd ▼. Doldenrispen in Blattachseln, weibliche Blüten kurzgestielt, männliche langgestielt, Juni-September. Früchte rot, kugelig. ▼. Blätter 5-lappig, rau. Auf Schuttplätzen, an Wegen, Zäunen und Mauern, in Gebüschen.

Kletten-Labkraut

80-180 cm. Einjährige Rankpflanze, die mit Hilfe ihrer rauhen Haare an Pflanzen emporklettert. Stängel vierkantig, behaart. Blätter keilförmig-länglich, spitz, grob behaart. Blütenstände in Blattachseln, weiß oder grünlichweiß, Juni-August. Unkrautbestände auf Äckern, in Gebüschen, an Waldrändern.

KRAUTIGE PFLANZEN MIT WEISSEN BLÜTEN

KRAUTIGE PFLANZEN MIT WEISSEN BLÜTEN

Acker-Winde

30-200 cm. Ausdauernd. Stängel keltternd, windend ▼. Blätter dreieckig bis pfeilförmig ▼, wechselständig. Blüten groß, trichterförmig ▼, einzelstehend oder zu 2-3, rosa-weiß, Juni-September. Unkrautbestände auf Äckern, in Gärten, in Weingärten, an Wegen. Häufig.

Acker-Steinsame

5-100 cm. Ausdauernd. Stängel einfach oder verästelt. Blätter linear-lanzettlich ▼, einnervig, rauhaarig. Blüten klein ▼, weiß, mit 5 Blütenblättern, April-Juni. Unkrautbestände, vor allem auf Getreideäckern, liebt Lehmboden.

Acker-Hundskamille

10-60 cm. Einjährig. Blüten in Körbchen, nicht so stark gewölbt ▼ wie Echte Kamille, außen weiße Zungenblüten, innen gelbe Röhrenblüten, Mai-Oktober. Blätter fiederteilig ▼, weichhaarig. Wohlriechend. Unkrautbestände auf Äckern und Wegen.

Falsche Kamille

10-30 cm. Ähnlich der Echten Kamille, aber geruchlos und Blütenkörbchen nicht so gewölbt ▼. Blüten in rispig angeordneten Körbchen, Blütenboden markig ▼. Blätter fein, mehrfach fiederteilig. Stängel oben verästelt! Unkrautbestände auf Äckern, Schuttplätzen, Wegen. Häufig.

Scharfer Hahnenfuß

30-100 cm. Blüten goldgelb, in lockeren Rispen, 5 Blütenblätter ▼ Mai-Juli. Blütenstiel rund, nicht gefurcht, kahl oder anliegend behaart. Blätter tief gespalten ▼. Vermehrt sich hauptsächlich vegetativ über das Rhizomwachstum. Häufig.

Acker-Rettich

15-150 cm. Einjährig. Blüten hellgelb oder weiß ▼, mit dunkelgelben oder violetten Adern, Mai-September. Frucht zwischen den Samen stark eingeschnürt ▼. Stängel steif behaart, untere Blätter leierförmig, gezähnt ▼, obere lanzettlich. Unkraut auf Äckern.

Kleiner Odermennig

15-40 cm. Ausdauernd. Stängel aufrecht, rauhaarig. Blätter unterbrochen-unpaarig gefiedert, Teilblättchen länglich-lanzettlich, gesägt, sitzend ▼, das unpaarige Endblättchen gestielt. Blüten in langen reichblütigen Trauben, gelb ▼, Juni-August. Wegraine, Waldränder, auf lockeren Böden.

Hopfen-Klee, Schnecken-Klee

5-60 cm. Stängel aufrecht oder niederliegend. Blätter dreizählig gefingert, unterseits behaart. Schmetterlingsblüten in kugelig-eiförmigen Köpfchen ▼, gelb, Blütenblätter nach Verblühen abfallend, Mai-Oktober. Früchte eingerollt. Halbtrockenrasen, Wiesen, Wegraine, Bahnschotter.

KRAUTIGE PFLANZEN MIT GELBEN BLÜTEN

KRAUTIGE PFLANZEN MIT GELBEN BLÜTEN

Gemeiner Hornklee

5-50 cm. Ausdauernd. Stängel aufsteigend bis aufrecht, Blätter fünfteilig, länglich-eiförmig, etwas zugespitzt. Schmetterlingsblüten gelb, in doldigen Köpfchen, Einzelblüte 8-15 mm lang, gebogen ▼, Mai-September. Halbtrockenrasen, Wiesen, Wegraine, kalkliebend.

Süßholz-Tragant

20-100 cm Ausdauernd. Stängel kriechen bis aufsteigend, nur wenig behaart. Blätter unpaarig gefiedert, mit 8-15 Teilblättchen, oval. Blüten in Trauben ▼, Juli-August. Enthält in der Wurzeln und Blättern Zucker und andere süß schmeckende Verbindungen. Heilpflanze. Trockene Laubwälder, Gebüsche.

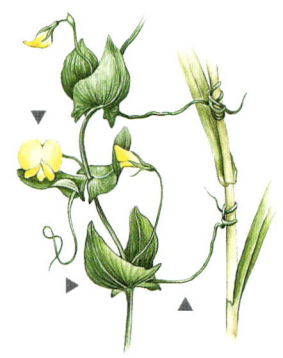

Ranken-Platterbse

10-100 cm. Einjährig. Rankende Pflanze, lange Ranke zwischen 2 großen, herz-eiförmigen, blaugrünen Blättern ▼, endständige Fiederblätter zu Ranken umgewandelt ▼. Schmetterlingsblüten meist einzeln ▼, Juni-Juli. Unkraut auf Getreideäckern.

Stengellose Schlüsselblume

5-20 cm. Ausdauernd. Blüten nicht in Dolden, sondern einzeln ▼ grundständig, nur kurz gestielt. Blüten hellgelb, innen dunkler, gelappte Blütenblätter, März-April. Auf Wiesen und lichten Wäldern, aber selten.

Wiesenschlüsselblume

10-30 cm. Ausdauernd. Blätter rosettig, länglich-eiförmig, gekerbt, runzelig ▼. Blüten goldgelb oder orangegelb gefleckt, Blütenkrone glockig, in einseitswendiger Dolde stehend ▼, April-Mai. Trockene Laubwälder, Wiesen, wärmeliebend. Häufig.

Zottiger Klappertopf

20-80 cm. Einjährig. Blätter länglich-lanzettlich, gekerbt ▼, sitzend. Blüten in Blattachseln, Blütenröhre aufwärts gebogen, Kelch behaart, glockig. Lippenblüten gelb, gebogen ▼, Mai-September. Halbtrockenrasen, Wiesen, Unkrautbestände, Wegraine.

Löwenzahn, Kuhblume

5-40 cm. Ausdauernd. Blätter in Rosette, in große Lappen stark gekerbt ▼. Blüten gelb, in flachen Köpfchen, nur Zungenblüten, gelb ▼, März-November. Blume entwickelt sich nach wenigen Tagen in eine „Pusteblume", deren Früchte an Schirmchen hängen ▼.

Kohl-Gänsedistel

30-150 cm. Ein- bis zweijährig. Stängel ästig verzweigt, Blätter hell blaugrün, weich, unbehaart. Stängelblätter mit zugespitzten Öhrchen stängelumfassend ▼. Blüten hellgelb, in Köpfchen zu mehreren an Spitze, Juni-Oktober. Wegränder, Äcker, Schutt.

Wiesen-Bocksbart

30-100 cm. Verästelter Stängel. Blätter schmal-lanzettlich, stark geadert, den Stängel am Grund umfassend. Blüte gelb (30-50 mm), einzeln stehend ▼, mit Zungenblüten, Mai-August. Früchte hängen an behaarten Fallschirmchen ▼. Wiesen, liebt nährstoffreiche Lehmböden. Häufig.

Saat-Winteraster

20-60 cm. Einjährig. Aufrecht. Obere Blätter gezähnt ▼, untere geteilt ▼. Blüten goldgelb, in Köpfchen mit langen Zungenblüten, Mai-August. Wiesen, selten.

Gemeines Kreuzkraut/ Greiskraut

10-40 cm. Einjährig. Blätter gelappt und gezähnt ▼. Blüten gelb (4-5 mm), in langen Kelchblättern eingeschlossen ▼. Früchte hängen als haarigen Büschel, die der Wind leicht fortträgt. Unkrautbestände auf Äckern, auf Schuttplätzen. Häufig.

Ringelblume

15-50 cm. Einjährig. Stängel aufrecht, Blätter wechselständig, sitzend. Blüten (20-25 mm) gelb mit langen Zungenblüten am Rand ▼, April-Oktober. Früchte schneckenförmig eingerollt, bedornt. Wiesen, Unkrautbestände.

Klatsch-Mohn

25-90 cm. Einjährig. Stängel behaart ▼, Blätter geteilt. Blüte langgestielt, aus 4 rundlichen Blütenblättern geknittert, Mai-August. Früchte: kleine ovale Kapseln ▼ mit kleinen schwarzen Samen. Wegraine, Unkraut auf Getreideäckern, auf Schuttplätzen. Wird seltener.

Kornrade

30-100 cm. Einjährig. Stängel aufrecht, behaart. Blätter sehr schmal und spitz, sitzend, behaart, gegenständig. Blüten rosa-violett ▼, Kelchzipfel deutlich länger als Blüte, spitz, Mai-August. Unkrautbestände auf Getreideäckern, liebt nährstoffreichen Lehmboden. Sehr selten geworden.

Kuckucks-Lichtnelke

20-90 cm. Ausdauernd. Stängel aufrecht, Blätter gegenständig, schmal ▼. Blüten rosafarben (25 mm), in lockerer Traube, Blütenblätter 4-fach gelappt ▼, Mai-Juli. Feuchte Wiesen, liebt humusreiche, tiefgründige Böden, zeigt hohen Wasserstand an. Häufig.

Kleiner Wiesenknopf

30-100 cm. Ausdauernd. Stängel aufrecht, verästelt. Blätter gefiedert mit 5-17 rundlichen, gezähnten Teilblättchen ▼. Blütenköpfchen kugelig-eiförmig ▼, Blüten grün, violett angehaucht, Mai-August. Trockenrasen, Halbtrockenrasen, Wegraine, auf lockeren Böden, wärmeliebend.

KRAUTIGE PFLANZEN MIT ROTEN BLÜTEN

Rot-Klee

20-100 cm. Ausdauernd. Aufrecht oder niederliegend. Blätter oval, unterseits behaart ▼. Blüten rosa oder purpurn, in runden Köpfchen ▼ (20-40 mm). Kelchblätter haarig ▼. Mai-November. Trockene bis mäßig feuchte Wiesen, Rasen. Sehr häufig, auch als Futterpflanze angebaut.

Futter-Esparsette

10-80 cm. Ausdauernd. Aufrecht. Blätter zusammengesetzt, 6-12 ovale Teilblättchen ▼. Lippenblüten rosa gestreift, traubige Köpfchen, Mai-August. Früchte kurz und flach. Halbtrockenrasen, Wiesen, Wegböschungen. Auch als Futterpflanze angebaut.

Quendel-Seid

20-60 cm. Einjährig. Blüten knäuelartig sitzend, unscheinbar ▼. Stängel ästig, fadenförmig, blattlos, grünlichweiß, windend ▼. Als Parasit entzieht sie ihren Wirtspflanzen mit Saugwurzeln Nährstoffe. Heiden, trockenen Wiesen, Wegraine, schmarotzt auf Pfeilginster, Thymian, Heidekraut und Besenginster.

Purpurrote Taubnessel

30-50 cm. Einjährig. Brennnesselartig, ohne Brennhaare. Stängel 4-kantig, aufrecht. Blätter gegenständig, gezähnt. Blüten purpurfarben, mit 2 Lippen, in Blattachseln sitzend ▼, Februar-November. Unkrautbestände in Hackkulturen, an Wegen.

Acker-Löwenmaul

20-50 cm. Einjährig. Stängel aufrecht. Blätter schmal, sitzend, obere gegenständig. Blüten ▼ rosa, klein, in lockerer Traube, Juli-Oktober. Feldränder, Unkrautbestände.

Acker-Wachtelweizen

20-50 cm. Einjährig. Blätter ganzrandig oder gezähnt, gegenständig, sitzend, am Grund lang gelappt ▼, die Spitzen verlängert ▼. Hochblätter purpurn, Lippenblüten rötlich und gelb, Mai-September. Unkrautbestände auf Getreideäckern, Halbschmarotzer.

Weg-Distel

30-150 cm. Zweijährig. Stängel aufrecht, geflügelt-stachelig. Blätter gelappt, stachelig ▼. Blüten in Köpfchen, mit Zungen- und Röhrenblüten, purpurn ▼, Juni-September. Früchte bleiben mit Widerhaken leicht hängen. Wegränder, Unkrautgesellschaften.

Sumpf-Sitter

30-50 cm. Ausdauernd mit Rhizom. Stängel aufrecht. Wenige Blätter, lanzettlich, die oberen sehr klein. Lippenblüten ▼ in lockerer Traube, leicht hängend, weißlich, rosafarben und grünlich gestreift, Juni-August. Flachmoore, sehr selten.

KRAUTIGE PFLANZEN MIT ROTEN BLÜTEN

Feld-Rittersporn

10-50 cm. Einjährig. Stängel stark ästig. ▼. Blätter sehr schmal. Blüte unregelmäßig blau-violett, mit langem spitzen Sporn ▼ (bis 25 mm), Juni-August. Unkrautbestände, vor allem auf Getreideäckern. Wird selten.

Wiesenschaumkraut

15-60 cm. Ausdauernd. Aufrecht, glatt. Blätter in Grundrosette ▼, zusammengesetzt, am oberen Stängel nur wenige Blättchen. Blüten hellviolett bis weißlich, in lockerer Traube, April-Juni. Feuchte Wiesen, liebt lehmigen und grundwasserdurchzogenen Boden.

März-Veilchen

5-15 cm. Ausdauernd. Breitet sich über Ausläufer aus. Blätter in Rosette, rundlich bis herzförmig ▼ (am Grund eingekerbt). Blüten violett, wohlriechend, mit 5 Blütenblättern ▼, davon zwei aufrecht, mit langem Sporn ▼, März bis Mai und Ende des Sommers. Trockene Gebüsche, Wegraine.

Bitteres Kreuzblümchen

5-20 cm. Ausdauernd. Blätter einfach, wechselständig, oval-elliptisch ▼. Blüten violett oder blau, klein, traubig, mit 3 Blütenblättern, Mai-August. Früchte dreieckig und flach. Halbtrockenrasen und feuchte Wiesen.

Acker-Vergissmeinnicht

10-60 cm. Ausdauernd. Ganze Pflanze behaart ▼. Stängel verzweigt. Blätter schmal ▼, Blüten himmelblau (3-5 mm), in langen traubenartigen Blütenständen, April-Oktober. Unkrautbestände auf Äckern, Feldwegen, auf lehmigem Boden, häufig.

Acker-Ochsenzunge

10-60 cm. Einjährig. Stängel kantig, aufrecht, ganze Pflanze steifhaarig ▼. Blätter lanzettlich, wellig, obere stängelumwachsend ▼. Blüten himmelblau ▼ oder weiß, Mai-September. Unkrautbestände auf Äckern, liebt lockeren, sandigen Boden. Selten.

Wiesen-Salbei

20-100 cm. Ausdauernd. Stängel vierkantig, aufrecht. Blätter meist grundständig, eiförmig, doppelt gekerbt, die oberen sitzend. Lippenblüten groß, violett ▼, Mai-August, in lockerer Traube. Halbtrockenrasen, Bergwiesen, Wegraine, erträgt zeitweilige Trockenheit. Häufig.

Bittersüßer Nachtschatten

50-200 cm. Halbstrauch. Stängel nur unten holzig, aufrecht, aufsteigend oder windend. Blätter länglich-eiförmig, kahl, oft eingeschnittengelappt ▼. Blüten violett, Staubbeutel gelb ▼, Mai-September. Früchte rot ▼, giftig! In feuchten Unkrautbeständen, Auwälder, an Ufern. Heilpflanze.

Wiesen-Knautie, Witwenblume

25-100 cm. Ausdauernd oder zweijährig. Stängel abstehend behaart. Obere Blätter fiederteilig, untere gelappt ▼. Blüten blass violett oder blau, Blütenköpfchen 30-40 mm, äußere Blüten größer als innere ▼, Juli-September. Wiesen, Halbtrockenrasen, Wegraine.

Nesselblättrige Glockenblume

30-100 cm Ausdauernd. Stängel aufrecht, scharfkantig, behaart. Untere Blätter tief herzförmig, langgestielt, obere länglich dreieckig, sitzend, grob doppelt gesägt ▼, steifhaarig. Blüten groß, blau-violett, in lockerer Traube, Juli-September. Laubwälder, feuchte Stellen, dort häufig.

Kornblume

20-90 cm. Einjährig. Stängel aufrecht. Blätter behaart, sehr schmal. Blüten königsblau ▼, Juni-August, in Köpfchen, diese einzeln, äußere Röhrenblüten größer. Unkrautbestände auf Getreideäckern, geht wegen Herbizideinsatz stark zurück. Liebt lockeren, nährstoffreichen Boden.

Herbstzeitlose

Ausdauernd mit Knolle ▼. Blätter (im Frühjahr) 10-30 cm, länglich lanzettlich, aufrecht. Blüten ▼ erscheinen im August-Oktober, 10-20 cm, 5 Blütenblätter, hell violett mit gelben Staubbeuteln. Feuchte Wiesen, giftig. Häufig.

KRAUTIGE PFLANZEN MIT GRÜNEN BLÜTEN

Dorf-Gänsefuß, Guter Heinrich

20-80 cm. Ausdauernd. Robuste Pflanze, aufrecht. Blätter dreieckig, zugespitzt ▼. Blüten klein, unscheinbar, grün, als endständige Ähren an Haupt- und Seitenzweigen ▼, Mai-Juni. An Mauern, Gräben, an Komposthaufen oder Miststapeln, Stickstoffzeiger.

Acetosella vulgaris

10-40 cm. Aufrechte, ausdauernde Pflanze, oft rötlich überlaufen. Blätter schmal lanzettlich, mit Öhrchen ▼. Blüten klein, unscheinbar ▼, an Seitentrieben, April-September. Unkraut auf Feldern und Wiesen, auf sauren Böden.

Hopfen

6-12 m. Ausdauernde Schling- und Kletterpflanze ▼. Blätter gegenständig, dreigelappt ▼, gezähnt. Männliche Blüten in Trauben, weibliche ebenfalls traubig (2 cm), ▼, Juli-August. In Auwäldern, feuchten Gebüschen, liebt feuchte Standorte, vielfach auf Äckern in Stangenkulturen angebaut (für die Bierherstellung).

Schutt-Bingelkraut

10-50 cm. Einjährig. Pflanze zweihäusig, d. h. männliche und weibliche Blüten auf verschiedenen Pflanzen. Blüten zu 10 in ährigen Knäulen ▼, April-Oktober. Blätter gestielt, eilanzettlich. Riecht beim zerreiben widerlich. Gärten, Weinberge, Unkrautbestände.

GRÄSER

Wiesen-Schwingel

30-120 cm. Ausdauernd, dunkelgrün, lockere, schlanke Rispe, Ährchen grannenlos ▼. Juni bis Juli, Fettwiesen- und -weiden, Halbtrockenrasen, Moorwiesen. Gutes Futtergras. Häufig.

Einjähriges Rispengras

Bis 30 cm. Häufiges „Unkraut", wächst überall, Rasen, Wiese, Ritzen, Bordsteinkanten, an Wegen. Wächst auch an stark belaufenen Stellen. Niedriges büscheliges Gras, Halme etwas zusammengedrückt, Rispen locker ▼.

Zittergras

20-50 cm. Blätter 2-5 mm breit, am Rand rau. Ährchen herzförmig 3- bis 12-blütig ▼, Rispe locker, Rispenästchen dünn, wellig ▼. Keine Grannen. Mai bis August, auf Halbtrockenrasen, Magerrasen.

Wiesenknäuelgras

30-100 cm. Ausdauernd. Horstartig wachsend, graugrün. Ährchen 3- bis 4-blütig, grün, oft violett überlaufen, an den Rispenästen geknäuelt ▼. Rispe zur Blütezeit im Umriss dreieckig. Mai bis Juli, auf Fettwiesen und -weiden, an Wegrändern, Halbtrockenrasen. Häufig.

Hunds-Quecke

50-100 cm. Ausdauernd. In Polstern. Ohne Rhizom. Stängel aufrecht, grüne Blätter hart, 4-13 mm lang. Blütenstand an der Spitze, 8-20 cm, Ähre sitzend ▼. Blüht April-August. Wiesen, feuchte Wälder.

Kriechende Quecke

30-120 cm. Ausdauernd, mit weißlichem kriechenden Rhizom ▼. Blätter grün, gerade. Blütenstand an der Spitze, Ährchen sitzend, wechselständig, April-August. Unkraut in Gärten und auf Brachland. Wegen den Rhizomausläufern schwierig, es unter Konrolle zu bringen.

Flughafer

60-100 cm. Einjährig. Ähnelt im Aussehen dem angebauten Hafer. Blütenstand locker, pyramidenförmig, April-August. Ährchen mit 2-3 Blüten ▼, hängend. An Feldrainen, -rändern.

Glatthafer

Bis 150 cm. Ausdauernd. Blätter flach, 4-8 mm breit, oberseits kurz behaart. Rispe 10-20 cm lang, Ährchen 2-blütig ▼ nur mit einer geknieten Granne. Mai-September. Auf Fettwiesen, Wegrainen. Gutes Futtergras. Häufig.

GRÄSER

Gewöhnliches Ruchgras

20-100 cm. Ausdauernd. In Horsten wachsend, rasenbildend. Blätter blaugrün, 3-6 mm schmal ▼, am Grunde geöhrt und mit Haarkranz, bitter schmeckend. Rispe schmal, mit einblütigen Ährchen ▼. Mai-Juli. Magere Wiesen und Weiden, Wegränder. Häufig.

Rotes Straußgras

10-70 cm. Ausdauernd. Wurzel bildet Ausläufer. Blätter: nur bis 4 mm lang. Blütenstand locker ▼, fein, April-August. Wiesen mit sauren Böden, Waldränder, Wegränder.

Wiesen-Fuchsschwanz

30-110 cm. Ausdauernd, grasgrün. Blätter 6-10 mm, oberseits rau. Dichte, walzenförmige Rispe (Name!) ▼. Mai-Juni, auf frischen, feuchten Wiesen, an Ufern. Häufig.

Wiesen-Lieschgras

20-50 cm. Ausdauernd, horstbildend. Blätter hellgrün, rau. Dichte Rispe, walzenförmig, mit stumpfem Ende ▼, bis 15 cm lang ▼. Juni-August, auf Fettwiesen und –weiden. Ziemlich häufig.

Blutrote Fingerhirse

20-60 cm. Einjährig. Blätter behaart ▼, Ähren schmal linealisch, zu 3 bis 8, fingerförmig genähert ▼. Ährchen lanzettlich spitz. August-September, sandige Äcker, Wegränder. Häufig.

Grüne Borstenhirse

10-100 cm. Einjährig. Am ersten Stängelknoten geknickt, Blätter mit weißlichem oder violettem Mittelstreifen. Rispe dick ▼, Borsten grün oder violett überlaufen. Juni-Okt., auf Äckern, in Gärten, Weinbergen. Häufig.

Acker-Schachtelhalm

5-100 cm. Pflanze ohne Blüten, grün. Blätter schuppenartig reduziert, Seitenzweige rund, in Wirteln angeordnet ▼. Nur die hellbraunen Frühlingssprosse sind fertil, tragen braune Sporophyllstände ▼. Überall auf Kulturland, vor allem feuchte Acker- und Gartenböden.

Engelsüß

10-40 cm. Blattwedel 15-30 cm lang, fast bis zum Blattstiel gefiedert, am Rand gewellt ▼. Blättchenunterseite mit großen runden Sporenhäufchen ▼. Kann auch extreme Trockenheit überleben, wächst deshalb auch an trockenen Mauern und Felsen, auch in Astgabeln von Laubbäumen.

HIRSEN, SCHACHTELHALME UND FARNE

Buchweizen

15-60 cm. Fälschlicherweise oft als Getreide bezeichnet, gehört zu den Knöterichgewächsen. Einjährig. Mit wechselständigen dreieckigen bis herzförmigen Blättern ▼. Blüten weiß bis rosa, nektarreich ▼. Früchte sind dreikantige Nüsse. Buchweizen wird zu Grütze, Gries oder Mehl verarbeitet.

Reis

100-150 cm. Gehört zu den Gräsern, Rispe 50 cm lang mit 3-blütigen Ährchen mit Grannen ▼, selbstbestäubend. Frucht ist das Reiskorn, das meistens entspelzt und poliert wird („Weißreis") ▼. Wird in den Subtropen angebaut, in Europa nur in Italien und Spanien.

 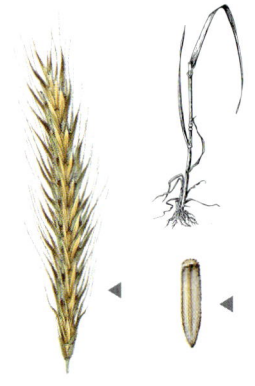

Gerste

60-130 cm. Getreide. Ährchen lang begrannt ▼ (bis 12 cm), einblütig. Rispen entweder zweizeilig mit größeren Körnern ▼ oder mehrzeilig mit kleineren Körnern ▼. Blüht von Juni-Juli. Wird zu Mehl gemahlen, als Körnerfutter bei Geflügel- und Schweinemast und als Malz für die Bierbrauerei weiterverarbeitet.

Roggen

60-150 cm. Einjähriges Getreide. Blätter und Stängel matt dunkel- bis blaugrün. Ähren vierkantig, zur Erntezeit leicht überhängend. Deckspelzen lang begrannt ▼. Körner schmal, ohne Spelzen ▼. In geringeren Mengen als Weizen angebaut, hauptsächlich als Brotgetreide verwendet.

Weizen

40-150 cm. Einjähriges Getreide. Wird am häufigsten und in größten Mengen in vielen Sorten angebaut. Aufrechte Ährenspindel ohne Grannen ▼, Ährchen zweizeilig alternierend, gelblich gefärbt. Körner rundlich ▼. Als Brotgetreide verwendet. Blüht im August bis September.

Hafer

40-150 cm. Einjähriges Rispengras mit einer 15-30 cm langen allseitswendigen Rispe. Verzweigte Ripsenäste hängen schwach abwärts, tragen an der Spitze Ährchen mit 2-3 Blüten ▼. Körner spindelförmig, tief gefurcht ▼. Deckspelze nur kurz begrannt. Vor allem als Tierfutter verwendet.

Rispenhirse

50-120 cm. Breite Blätter, bildet lockere oder kompakte Ripsen, aufrecht oder überhängend ▼. Körner klein und rund. Als Korn, Brei oder Brot verwendet. Wird im Mittelmeergebiet angebaut.

Mais

150-400 cm. Einjähriges Gras mit 5 cm dicken Halmen, getrennt geschlechtlich (männlicher Blütenstand, weiblicher Blütenstand), Blütenstände in Blattachseln ▼. Der Maiskolben ist ein Verband aus Früchten. Maiskörner ▼ gelb oder weiß, rot bis schwarz gefärbt. Stammt ursprünglich aus Mittelamerika, jetzt unter den Getreidearten an 2. Stelle der Weltproduktion.

Erdbeere

5-30 cm. Mehrjährig. Entwickelt in den Achseln der Niederblätter jedes Jahr einen neuen Trieb (Tochterpflanzen). Dreigeteilte Blätter ▼. Blüht von April-August, Früchte rot, mit braunen „Nüsschen" (die eigentlichen Früchte) ▼. In Wäldern wild wachsend, in Gärten kultiviert mit größeren fleischigen Früchten ▼.

Rote und Schwarze Johannisbeere

1-2 m. Strauch mit Langtrieben und Früchte tragenden Kurztrieben. Erbsengroße Beeren hängen in Trauben ▼, schmecken säuerlich. Wohlschmeckend ist roh nur die Rote Johannisbeere ▼, die schwarzen Beeren ▼ bitter, jedoch reich an Vitamin C. Blätter dreilappig, gezähnt ▼.

Stachelbeere

60-150 cm. Niedriger, dorniger Strauch ▼. Blätter wechselständig, handförmig gelappt ▼. Blüten rosa oder grünlich, von April-Mai. Früchte sind meist behaarte, derbschalige Beeren, die an der Spitze ein Krönchen tragen (Kelch) ▼. In Hecken und Bergwäldern, an Mauern oder Felsen.

Himbeere

1-2 m. Staude mit überwinterndem Wurzelstock, aus dem im Frühjahr die Triebe wachsen. Dreiteilige Fiederblätter, unterseits weiß filzig behaart ▼, Blüten weiß ▼, Mai-August, Früchte himbeer-rot mit feinen Härchen ▼.

Feige

2-4 m. Strauchförmiger Baum mit charakteristischen, handförmig gelappten Blättern ▼. Blütenstand flaschenförmig, Blüten darin (werden von nur spezieller Wespenart bestäubt). Flaschenförmige Frucht fleischig saftig ▼. Bei uns nur in Gärten, im Mittelmeergebiet auch wild.

Mandel

Kleiner Baum bis zu 8 m. Blätter länglich, Blüten weiß bis rosa, vor Laubaustrieb, im März-April. Früchte trocken, grün ▼, brechen bei Reife auseinander ▼, so dass braune Mandelkerne herausfallen ▼. Wächst im gesamten östlichen Mittelmeerraum, bei uns nur in Gärten wärmerer Gegenden.

Quitte

1,5 bis 8 m hoher Baum mit großen rosafarbigen oder weißen Blüten ▼. Frucht apfel- oder birnenförmig mit gelber, fein behaarter Schale ▼. Roh nicht geeignet, aber gut als Gelee. Stammt aus Westasien, wird bei und wieder häufiger angepflanzt, bzw. dient als Unterlage für Pfropfungen.

Süßkirsche

10-30 m. Baum mit längsrissiger Rinde. Blätter gezähnt. Blüten weiß, vor Laubaustrieb, im April-Mai. Früchte klein, rund, herzförmig ▼ an langen Stielen hängend. In Gärten und Obstwiesen, aber wild auch in lichten Wäldern.

KULTURPFLANZEN: OBST

KULTURPFLANZEN: OBST

Sauerkirsche

Bis 8 m. Kleiner Baum, Blätter stehen doldenartig zu 3-5 in den Achseln schuppenförmiger Hochblätter ▼. Langgestielte Blüten weiß, im April-Juni, an Kurztrieben stehend. Kleine, saure Kirschfrucht ▼ an langen Stielen. Bevorzugt als Einmachobst verarbeitet.

Pfirsich

Bis 6 m. Kleiner Baum. Blätter länglich, Blüten leuchtend rosa ▼, vor dem Laubaustrieb, im März-April. Früchte apfelgroß, samtig behaart, saftig süße Steinfrucht mit gelben und roten Backen ▼, die durch Furche ▼ getrennt sind. Viele Sorten.

Aprikose

3-6 m. Kleiner Baum. Blätter oval bis länglich. Blüten weiß oder blass rosa ▼, mit dem Laubaustrieb erscheinend (März bis April). Früchte mit Furche ▼, gelb bis orangerot. Liebt warme, trockene Standorte.

Pflaume

Bis 5 m. Kleiner Baum. Blüten weiß bis grünliche, vor dem Laub, im April bis Mai. Früchte mit Furche ▼, unterschiedlich gefärbt, je nach Sorte blauviolett, oder grün bis gelb (Mirabelle). Wärmeliebend, auf trockenen Standorten.

KULTURPFLANZEN: OBST

Birne

5-20 m. Baum. Blätter mittellang gestielt, länglich elliptisch. Blüte weiß mit roten Staubbeuteln ▼, April-Mai. Früchte ▼ typische Birnenform, saftig und süß, aber nicht lange haltbar. Schale grün bis gelb, mit kleinen Punkten ▼.

Holzapfel

6-10 m. Baum. Stammart der verschiedenen kultivierten Apfelsorten. Kurztriebe mit kleinen Dornen. Blätter wechselständig, gezähnt. Blüten weiß, am äußeren Rand rosa gefärbt, April bis Mai. Früchte sind kleine Äpfel (3-4 cm), sehr sauer. Wächst in Wäldern und Hecken.

Walnuss

10-25 m. Baum (kann bis 400 Jahre alt werden). Fiederblätter zusammengesetzt aus 5 Blättern, dunkelgrün. Blüten getrenntgeschlechtlich, männliche in Kätzchen ▼, weibliche Blüten am Ende von Kurztrieben. Früchte oval bis rundliche Steinfrucht mit grüner fleischiger Hülle ▼, darin harte braune Schale, darin der essbare Kern ▼.

Weinrebe

Bis 10 m. Ausdauernde Liane mit Sprossranken ▼, mit denen sie sich am Untergrund festhält. Blätter dreilappig geteilt ▼. Blüten in Traube angeordnet, Früchte sind zunächst grüne ▼, bei dunklen Sorten später schwarze Beeren. Die Rebe gehört zu den ältesten Kulturpflanzen in Europa.

KULTURPFLANZEN: ÖL LIEFERNDE PFLANZEN

Ölbaum

6-15 m. Immergrüner Baum. Blätter länglich lanzettlich, oberseits graugrün, unterseits silbrig weiß ▼. Blüten weiß, in Trauben, Mai-Juni. Früchte klein, grün ▼ oder blauschwarz, Oliven genannt ▼. Wächst nur am Mittelmeer, hier werden 97 der Weltolivenernte produziert! Oliven werden roh gegessen oder zu Öl gepresst.

Schlafmohn

30-150 cm. Krautige einjährige Pflanze mit großen Blättern, mit Wachs belegt. 1-5 weiße oder rötlichviolette Blüten, geknitterte Blütenblätter ▼, Juni-August. Früchte walnussgroß, unter dem Narbenschild mit Porenöffnungen. In Kapsel ▼ viele Hundert blaugraue winzige Samen. Wächst auf trockenen warmen Standorten.

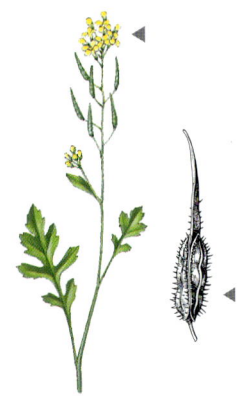

Raps

50-160 cm. Krautige Pflanze mit leuchtend hellgelben Blütentrauben ▼, Juli-August. Wachs bedeckte, blaugrüne Blätter, um den Stängel wachsend. Früchte in Schoten, deren Schale sich beidseitig öffnet ▼. Samen klein und rund. Vor allem wegen des Ölgehaltes angebaut (Margarinerohstoff und technische Zwecke).

Weißer Senf

30-60 cm. Einjährig. Blätter behaart, fiederspaltig. Blüten in Doppeltrauben, gelb ▼. Früchte als Schoten, sich in zwei Hälften trennend, mit langem schnabelartigem Stiel ▼. Samen gelblich, rund und sehr scharf. Wächst bei uns nur in Kultur und wird zum großen Teil zu Speisesenf verarbeitet.

Hanf

2-4 m. Einjährige krautige Pflanze mit langgestielten fingerförmigen Blättern, gezähnt ▼. Männliche Pflanze mit nur männlichen Blüten: unscheinbar in lockeren Rispen. Weibliche Pflanze größer und dichter belaubt, Blüten stehen in Achseln und in Scheinähren. In Leitbündeln liegen elastische Faserbündel, die zu Tauen, Seilen, Zwirnen verarbeitet werden.

Faserlein, Flachs

60-120 cm. Einjährig. Mit schlankem Stängel und wenigverzweigter Blütenstand. Blüte himmelblau, einzelstehend ▼, Blätter lang und schmal. Im Stängel liegen die Leitbündel mit je einem Faserbündel, das zu Fasern verarbeitet wird. Das Leinentuch ist durch die besser zu färbende Baumwolle stark zurückgedrängt worden.

Sonnenblume

2-3 m. Einjährig. Stängel sehr dick und stabil, um die große Blüte tragen zu können. Sammelblüte mit randständigen gelben Blüten ▼ (ohne Samen) und fertilen inneren Blüten. Blüte dreht sich mit der Sonne, August bis Oktober. Samen oval und flach, schwarz oder grau ▼. Aus Samen wird das Sonnenblumenöl gepresst.

Zuckerrübe

60-100 cm. Zweijährig. Im ersten Jahr wachsen die Blätter sowie die fleischige Rübe, im zweiten Jahr schießt die verzweigte Inflorenszenz mit knäueligen grünen Blüten ▼. Die Rübe ist die Wurzel ▼, die ganz im Boden steckt und bis 20% Zucker enthält. Die Zuckerrübe wird erst seit dem späten 19. Jahrhundert zur Zuckergewinnung verwendet.

KULTURPFLANZEN: ÖL LIEFERNDE PFLANZEN

Paprika

20-100 cm. Kleiner Busch mit weißen fünfblättrigen Blüten ▼. Früchte rot, umschließt einen großen Hohlraum mit unvollständigen Scheidewänden und zentraler Plazenta ▼, woran die Samen hängen. Zahlreiche Sorten mit unterschiedlicher Färbung, Größe und Schärfe werden gezüchtet. Ursprünglich aus Mittelamerika.

Tomate

1-2 m. Einjährig. Blätter borstig behaart, gelappt, bei Berührung unangenehm riechend. Blüte gelb ▼, Juli bis September. Früchte rot und vielgestaltig, je nach Sorte rund ▼ bis eiförmig, groß oder klein (Cocktailtomaten), auch gelbe Sorten ▼. Ursprünglich aus Südamerika und in Europa anfangs nur als Zierpflanze gehalten.

Aubergine

30-120 cm. Einjährig. Blätter groß, gewellt. Blüten violett ▼ oder purpurfarben, Juni bis August. Früchte sehr groß, walzenförmig, dunkelviolett gefärbt mit mattglänzender Schale, auch weiße ▼ und schmale ▼ Sorten. Mit der Tomate verwandt.

Wassermelone

Bis 2 m. Einjährig. Stängel mit Sprossranken ▼. Blätter wechselständig, gelappt. Blüte gelb, Juni. Früchte fußballgroß oder größer, rund oder oval, mit grüner Schale. Saftiges Fruchtfleisch rot ▼ mit dunklen Samen. Ursprünglich aus dem tropischen Afrika.

Honigmelone

Bis 1 m. Kriechender Spross mit Ranken. Blätter groß und dreifach gelappt ▼. Blüten getrennt geschlechtlich, Juni bis August. Frucht kopfgroß mit sehr süßem Fleisch, in unterschiedlichen Sorten grün, weiß oder orange gefärbt. Ursprünglich aus Indien, mit der Gurke verwandt.

Gurke

1-4 m. Kriechender Spross mit Ranken. Blätter im Umriss fünfeckig geformt. Blüten goldgelb, Juni bis August, weibliche Blüten in Achseln der Blätter ▼, männliche in Gruppen zu mehreren ▼. Frucht länglich, schmal walzenförmig mit Warzen ▼, grün. Ursprünglich aus dem Himalaya.

Zucchini

2-3 m oder mehr. Einjährig. Kriechender Spross mit Ranken. Blätter sehr groß, dunkel grün. Blüten groß ▼, grünlich. Zahlreiche Sorten in unterschiedlichen Farben und Formen.

Riesenkürbis

4-10 m. Einjährig. Kriechender Spross mit Ranken. Blätter groß, gelappt. Männliche Blüten ▼ mit 5 Blütenblättern, zu mehreren. Weibliche Blüten ▼ einzeln stehend, Juni bis September. Frucht sehr groß, bis 100 kg, leuchtend orange gefärbt. Ursprünglich aus Nordamerika.

Linse

10-40 cm. Einjährig. Zusammengesetzte Blätter mit zahlreichen Fiedern (10-14), Endfieder ist in Blattranke umgewandelt ▼. Blüten kein, bläulich weiß, Mai-August ▼. Früchte mit Samen ▼, die unreif gekocht als Gemüse gegessen werden, reife Samen sind gelb oder graugrün, als Beilage zu Eintopf.

Kichererbse

20-100 cm. Einjährig. Buschige Pflanze mit zusammengesetzten Blättern aus 6-8 Fiederpaaren, gezähnt. Blüte weiß ▼, einzeln stehend. Früchte ▼ (Hülsen) beinhalten 2 Samen ▼. Im Mittelmeergebiet kultiviert.

Erbse

100-200 cm. Einjährige Kletterpflanze. Blätter aus 2-3 Fiedern mit Endranken ▼. Schmetterlingsblüten weiß, Mai-August. Hülsen beinhalten süße Erbsen ▼. Zahlreiche Sorten in unterschiedlichen Geschmacksrichtungen. Erntefrisch, getrocknet oder eingefroren genießbar.

Bohne

50 cm-3 m. Einjährige Schlingpflanze oder als buschige Pflanze. Blätter in 3 Fiedern unterteilt. Schmetterlingsblüten ▼ weiß oder rot, Juni-September. Schoten mit Samen darin (Bohnen), je nach Sorte unterschiedlich gefärbt. Ursprünglich aus Südamerika.

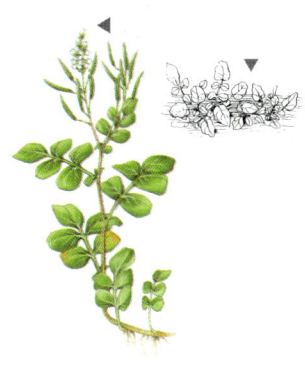

Brunnenkresse

30-90 cm. Ausdauernde Wasserpflanze, wurzelt im nassen Substrat und bildet kriechende sowie aufrechte Sprosse ▼. Blätter gefiedert mit rundlichen Fiedern (als Salat essbar). Blüten weiß ▼, in Trauben, April-Juli. Bei uns wildwachsend an und in Quellen und Bächen, aber auch in Kultur.

Schikoree

50-120 cm. Zweijährig, ausdauernd. Aufrechter Stängel mit gelappten Blättern. Blüten zusammengesetzt aus Zungenblüten, himmelblau ▼, Juli-Sept. An Wegrändern auf trockenen Standorten. Fleischige Rübe als Kaffee-Ersatz verwendet. In Kultur mit flach anliegenden Blätter am gestauchten Spross als Salat (Endivien ▼, Radicchio ▼).

Spinat

Bis 1 m. Ein- oder zweijährig. Wildform: Blätter in Rosette ▼, an Kurztagen (Winter) nur vegetative Entwicklung mit vielen Blättern, an Langtagen (Sommer mit mehr als 12 Stunden Licht) nur wenige Blätter, jedoch Blütenbildung. Anbau deshalb hauptsächlich in Wintermonaten.

Petersilie

30-70 cm. Zweijährig. Blätter ▼ in Rosette aus doppelt bis dreifach gefiederten Blättern, dunkelgrün glänzend. Blüten blassgelb, in Doppeldolden, Juni-September. Wurzel zum Teil mehr-schwänzig, wird als Hausmittel gegen Magenbeschwerden gegeben, Blätter als Küchengewürz.

Fenchel

50-200 cm. Ausdauernd. Glatt, grünlich und wohlriechend (nach Anis). Blätter sehr schmal, länglich, stark gefiedert. Blüten gelb ▼, in Dolden, Juli-Sept. Früchte ▼ schmal, länglich, etwa 4 mm. Sprossknolle ▼ wird roh oder gekocht verzehrt. Auf trockenen Böden.

Feldsalat

5-45 cm. Einjährig. Blätter elliptisch, breit zungenförmig, in Rosette am gestauchten Spross wachsend ▼, bzw. gegenständig. Blüten klein, unauffällig, weiß ▼, April-Mai. Früchte glatt. Säen sich selbst aus, deshalb neben der Kultur auch wilde Exemplare.

Salat

30-100 cm. Einjährig. Pflanze geht nach Auflösung der Rosette in beblätterten Infloreszenzspross über. In der Kultur wird dies möglichst lang herausgezögert. Blätter an gestauchter Achse sehr vielgestaltig, danach benannt als Kopf-, Pflück- oder Römischer Salat etc. Stammt ursprünglich wahrscheinlich vom wilden Lattich ab, der auf trockenen warmen Böden wächst.

Kohl

30-150 cm. Zweijährig. In der Kultur vielgestaltige Sorten, bei denen die Sprossachse gestaucht ist und die Blätter sich nicht entfalten ▼. Dadurch wirken diese Pflanzen wie riesige Knospen. Als Weißkohl, Rotkohl, Wirsing, Rosenkohl etc. bekannt stammen diese Sorten vom wilden Kohl ab, der im Mittelmeergebiet heimisch ist.

Artischocke

1-2 m. Ausdauernd mit aufrechtem Spross. Blätter unterseits weißlich, tief eingeschnitten. Blüten groß, pupurblau, August-September. Nur in warmen Gebieten, hauptsächlich Mittelmeer. Geerntet werden die Blüten vor dem Öffnen, für den Verzehr eignen sich die dicken Blütenböden ▼ und fleischigen Basen der inneren Hüllblätter ▼.

Kardone, Gemüse-Artischocke

100-150 cm. Verwandt mit Artischocke, mit aufrechtem Spross, ausdauernd. Blätter unterseits weiß, länglich stachelig. Blüten groß, violett, Juni-Juli ▼. Nur in trockenen Gebieten, z. B. Mittelmeerländer. Genutzt werden die fleischigen Blattstiele ▼ der Pflanze. Selten.

Rhabarber

Bis 2 m. Ausdauernd. Gehört mit Buchweizen und Sauerampfer zur gleichen Familie. Blätter sehr groß und ausladend, leicht gelappt, mit dickem, rötlichem Stiel ▼, der essbar ist. Blüten unauffällig, klein, in Gruppen angeordnet. Ursprünglich aus dem Iran.

Spargel

30-150 cm. Ausdauernd mit Rhizom. Spross aufrecht, Stängel rund, stark verzweigt ▼. Blätter fadenförmig. Blüten klein, unauffällig, Mai bis Juli. Früchte rot, beerenartig ▼. Wächst in sandigem Substrat. Verzehrt wird grüner Spargel ▼, die noch nicht ausgewachsenen Sprosse. Weißer Spargel schießt unter der aufgehäufelten Erde, so dass sich kein Chlorophyll einlagert.

KULTURPFLANZEN: GEMÜSE

Sellerie

30-100 cm. Zweijährig. Pflanze bildet entweder Knolle ▼ oder lange kräftige Blattstiele in einer Rosette ▼ aus, was jeweils den essbaren Teil darstellt. Blätter mehrfach unterteilt, Blüten weiß als Dolde, Juli-September.

Karotte, Möhre

30-100 cm. Zweijährig, aber in Kultur nur einjährig gehalten, ohne austreibenden Infloreszenzspross im zweiten Jahr ▼. Zuchtform der Wilden Möhre (s. S. 55), die überall wächst und nur eine dünne weiße, verholzte Pfahlwurzel hat. Viele Sorten mit unterschiedlichen Formen ▼ und Geschmack.

Haferwurzel

30-120 cm. Zweijährig. Blätter länglich, schmal (wie beim Poree), Blüten im Köpfchen, schwarzviolett, Mai Juni. Verwandt mit Schwarzwurzel und nur in Südeuropa heimisch. Liebt trockene Böden.

Schwarzwurzel

30-120 cm. Ausdauernd, mit fleischiger Hauptwurzel, mit schwarzbrauner Korkschicht bedeckt. Erinnert in Gestalt und Geschmack an Spargel. Blätter hellgrün, schmal, Blüte in Körbchen, gelb, Juni bis September. Wächst wild und wird in der Wildform auch kultiviert.

Kartoffel

50-100 cm. Ausdauernd. Blätter gelappt. Blüten weiß oder violett ▼ mit gelbem Zentrum. Früchte gelbgrün, giftig! Genießbar und von großer Bedeutung sind die Sprossknollen ▼, die aus Ausläufern der Blattachseln entstehen, die Kartoffeln (ohne Wurzeln). Knollen sind reif, wenn Blätter oben absterben. Zahlreiche Sorten mit unterschiedlichem Geschmack, Form und Kochverhalten.

Topinambur

100-250 cm. Ausdauernd. Bildet aus Sprossknolle meherer Sprosse. Blätter oval bis länglich, herzförmig, gezähnt. Bildet als Kurztagpflanze im September dottergelbe Blütenkörbchen ▼. Sprossknolle mit Wurzeln ▼, Fleisch weiß, Schale gelb, braun oder rot, essbar, wird erst ab November geerntet.

Zwiebel

20-120 cm. Ausdauernd mit Zwiebel. Blätter schmal und anliegend oder rundlich, wenn austreibend. Blüte weiß, Juni-September. Zahlreiche Sorten mit unterschiedlichem Geschmack und Formen, z. B. rote ▼ oder weiße ▼ Küchenzwiebel, Frühlingszwiebel, Scharlotten mit mehreren Tochterzwiebeln ▼.

Knoblauch

20-40 cm. Ausdauernd durch Zwiebel. Geruchsintensiv. Schmale, lange Blätter. Blütenstand ▼ weiß oder grünlich, doldenförmig, Juni-August, hier treten oft statt der Blüten Brutzwiebeln auf ▼. Knoblauchzwiebel aus „Zehen" zusammengesetzt, das sind verdickte Niederblätter.

KULTURPFLANZEN: GEMÜSE

KULTURPFLANZEN: KÜCHENKRÄUTER

Gartenkerbel

10-70 cm. Einjährig. Blätter sehr fein und stark gefiedert ▼, gekerbt. Blüten weiß, in Doppeldolde, Mai-August. Früchte länglich, schmal, glatt. Stammt aus Südeuropa, heute nur selten angeboten.

Gartenthymian

20-40 cm. Ausdauernd mit Erneuerungstrieben. Halbstrauch mit elliptischen, am Rand eingerollten Blättchen. Lippenblüten rot. Blätter enthalten ätherische Öle, zum Würzen und Heilen genutzt. Bei uns nur in Gärten, wild als Feldthymian mit weniger ätherischen Ölen.

Bohnenkraut

10-30 cm. Einjährig. Kleiner wenigverzweigter Busch. Blätter ▼ gegenständig, schmal, graugrün. Blüten sehr klein, weiß oder rosa, in Scheinwirteln, Juli-Oktober. Trocken-warme Standorte, wild nur im Mittelmeergebiet.

Basilikum

10-40 cm. Wohlriechend. Blätter gegenständig, gezähnt, spitz eiförmig. Lippenblüten ▼ weiß oder rosa, Juni bis September. Ursprünglich aus Vorderindien, in Europa bereits von den Römern kultiviert, wir heute überall angebaut.

Luzerne, Alfalfa

30-90 cm. Ausdauernd. Bedeutsame Futterpflanze, die Staude liefert Höchsterträge für ein eiweiß- und mineralstoffreiches Futter. Blätter dreiteilig ▼, länglich. Schmetterlingsblüten violett, in Trauben zusammen ▼, Mai-Oktober. Früchte: große spiralenförmigen Hülsen. Mehrfacher Schnitt möglich.

Inkarnatklee

20-50 cm. Ein- oder zweijährig. Wichtige Futterpflanze, raschwüchsig, wird deshalb als Zwischenfrucht im Herbst gesät. Blätter dreiteilig ▼, herzfömig. Blüten leuchtend blutrot ▼, Mai-Juli. Ursprünglich aus dem Mittelmeergebiet.

Lavendel

40-60 cm. Ausdauernd. Zwergstrauch. Blätter schmal und länglich, am Rand eingerollt ▼. Lippenblüten violett, wohlriechend, traubig, Juni-Juli, fallen leicht aus. Auf trockenwarmen, kalkreichen Böden, wächst wild nur im Mittelmeergebiet, bei uns nur in Gärten.

Tabak

75-300 cm. Einjähriges Kraut mit großen breit-lanzettlichen Blättern ▼. Blüten rosa oder weiß ▼. Ursprünglich aus Südamerika, früher in Europa nur als Gartenzierde angepflanzt. Heute in Tropen und Subtropen angebaut. Blätter enthalten Nikotin, diese werden getrocknet und geraucht.

Wiesenchampignon

3-15 cm. Hut weiß, im Alter rötlich oder bräunlich, jung halbkugelig, dann ausgebreitet. Lamellen erst rosa ▼, dann braunrot bis schwarz. Stiel weiß, schlank, mit verkümmertem Ring. Fleisch weiß. Angenehmer Geruch. Guter Speisepilz.

Schafchampignon

10-20 cm. Hut weiß, erst kugelig, dann gewölbt ▼ und ausgebreitet, Oberfläche fein geschuppt. Lamellen blassgrau, braun ▼. Stiel weiß, schlang, an Basis leicht knollig, doppelter Ring. Auf gedüngten Böden, Wiesen, Weiden, Feldern, Waldrändern. Juni bis Oktober. Guter Speisepilz.

Mairitterling

3-15 cm. Hut weiß, cremefarben, matt, jung halbkugelig, dann gewölbt mit eingerolltem Rand. Lamellen ▼ weißlich, gedrängt, dünn, am Stiel angewachsen. Fleisch weiß, fest, Geruch mehlartig. Waldränder, Wiesen. Guter Speisepilz.

Ackerling

4-15 cm. Hut zunächst braun, dann hell beigefarben. Lammellen weißlich, dann bräunlich, gedrängt. Stiel weißlich, mit Ring ▼. Fleisch weißlich. Angenehmer Geruch, wächst im Büschel ▼, meistens an Silberpappeln. Guter Speisepilz.

Schopftintling

6-12 cm hoch. Hut zylindrisch, glockenförmig ▼, weiß mit abstehenden faserigen Schuppen ▼. Stiel weiß, schlank mit flüchtigem Ring. Fleisch weiß, dann rosafarben. Angenehmer Geruch. Entlang Waldwegen, Rasen, Fettwiesen, oft in Gruppen. Essbar, aber ohne besonderen Geschmack.

Nelkenschwindling

2-11 cm. Hut cremefarben oder orangeockerfarben, jung halbkugelig bis glockig, dann flach, stumpf gebuckelt ▼. Lammellen entfernt stehend ▼, weißlich. Stiel weißlich bis lederfarben ▼, elastisch. Fleisch weißlich, angenehmer Geruch. Wiesen, Weiden, Rasen, oft in Ringen. Mai-November. Hüte essbar.

Maimorchel

Fruchtkörper 6-20 cm hoch, Hutteil blass gelblichbraun, ockergelb, eiförmig ▼. Stiel weißlich bis gelb, Oberfläche oft wellig gefurcht. Ganzer Fruchtkörper hohl ▼. Bei Laubbäumen, im Gras, in Wäldern. April-Juni. Guter Speisepilz.

Riesenbovist

Fruchtkörper 10-50 cm im Durchmesser, unregelmäßig rundlich, große Exemplare abgeflacht. Haut erst weiß, glatt, feinsamtig, dann braungelblich. Kein Stiel, mit dicken Mycelsträngen am Boden verwachsen ▼. Fruchtmasse erst weiß, fest, dann grüngelb. breiig. Wiesen, Weiden, nicht häufig. August-Oktober. Essbar, solange weiß.

REGISTER

A

Abraxas grossulariata 39c
Acanthis cannabina 31b
Accipiter nisus 11d
Acetosella vulgaris 67
Acetosella vulgaris 67b
Achaearanea lunata 48a
Acherontia atropos 38d
Acker-Hundskamille 56
Ackerling 90
Acker-Ochsenzunge 65
Acker-Rettich 57
Acker-Schachtelhalm 71
Acker-Steinsame 56
Acker-Vergissmeinnicht 65
Acker-Wachtelweizen 63
Acker-Winde 56
Acrocephalus palustris 25b
Admiral 36
Aethusa cynapium 54d
Agaricus arvensis 90b
Agaricus campestris 90a
Aglais urticae 36c
Agrimonia eupatoria 57c
Agriotes lineatus 44a
Agrocybe cylindracea 90d
Agrostemma githago 61b
Agrostis capillaris 70b
Agrotis segetum 38b
Alauda arvensis 24a
Alliaria petiolata 53d
Allium ascalonicum 87c
Allium cepa 87
Allium sativum 87d
Alopecurus pratensis 70c
Alytes obstetricans 34b
Ammophila sabulosa 40b
Amsel 19
Amygdalus communis 75b
Anguis fragilis 33d
Anthemis arvensis 56c
Anthonomus pomorum 44c
Anthoxanthum odoratum 70a
Anthriscus cerefolium 88a
Anthus campestris 24c
Anthus pratensis 24d
Antirrhinum orontium 63a
Apfelblattfloh 45
Apfelblütenstecher 44
Apfelwickler 39
Aphis fabae 45d
Aphodius fimetarius 42
Aphodius fimetarius 42a
Apis mellifica 40d
Apium graveolens 86a
Apodemus sylvaticus 8b
Aprikose 76
Ardea cinerea 16a
Arion subfuscus 49c
Arrhenatherum elatius 69d
Artischocke 85
Arvicola terrestris 7b
Asilus crabroniformis 35c

Asio flammeus 13b
Äskulapnatter 32
Asparagus officinalis 85d
Aspisviper 32
Astragalus glycyphyllos 58b
Athene noctua 13c
Aubergine 80
Avena fatua 69c
Avena sativa 73b

B

Bachstelze 22
Basilikum 88
Behaarter Schnellkäfer 41
Bekassine 17
Berberis vulgaris 50a
Berberitze 50
Beta vulgaris 79d
Bienenfresser 21
Birne 77
Bittere Schleifenblume 53
Bitteres Kreuzblümchen 64
Bittersüßer Nachtschatten 65
Blauelster 21
Blaumeise 27
Blauracke 21
Blindschleiche 33
Blutrote Fingerhirse 71
Blutströpfchen 37
Bohne 82
Bohnenkraut 88
Bombina variegata 34a
Bombus terrestris 40c
Brachpieper 24
Brassica napus 78c
Brassica oleracea var. capitata 84d
Braunes Langohr 8
Braunkehlchen 28
Briza media 68c
Brunnenkresse 83
Bryonia dioica 55c
Buchfink 30
Buchweizen 72
Bufo bufo 34c
Buntspecht 14
Burhinus oedicnemus 18d
Buteo buteo 11b

C

Calendula arvensis 60d
Calliphora erythrocephala 35d
Calocybe gambosa 90c
Campanula trachelium 66b
Cannabis sativa 79a
Capreolus capreolus 10d
Capsicum annuum 80a
Carabus auratus 41a
Cardamine pratensis 64b
Carduelis carduelis 31a
Carduelis hloris 30d
Carduus acanthoides 63c
Carpodacus erythrinus 31c
Centaurea cyanus 66c
Cepaea hortensis 49b

Cetonia aurata 42c
Chenopodium bonus-henricus 67a
Chrysanthemum segetum 60b
Cicadella viridis 45
Cicadella viridis 45a
Cicer arietinum 82b
Cichorium intybus 83b
Ciconia ciconia 16b
Circaetus gallicus 11a
Circus cyaneus 12b
Circus pygargus 12c
Citellus citellus 9b
Citrullus lanatus 80d
Clematis vitalba 52d
Coccothraustes coccothraustes 30b
Colchicum autumnale 66d
Columba oenas 20a
Columba palumbus 20b
Consolida regalis 64a
Convolvulus arvensis 56a
Coprinus comatus 91a
Coracias garrulus 21b
Cornus sanguinea 51c
Corvus corone 19d
Corvus frugilegus 19c
Coturnix coturnix 15h
Crataegus oxyacantha 50d
Crex crex 16d
Cricetus cricetus 9a
Crocidura leucodon 6c
Crocidura russula 7a
Crocidura suaveolens 6d
Cucubalus baccifer 53b
Cuculus canorus 20d
Cucumis melo 81a
Cucumis sativus 81b
Cucurbita maxima 81d
Cucurbita pepo 81c
Curculio nucum 44d
Cuscuta epithymum 62c
Cyanopica cyanus 21d
Cydia pomonella 39b
Cydonia oblonga 75c
Cynara cardunculus 85b
Cynara scolymus 85a

D

Dactylis glomerata 68d
Daucus carota 86b
Daucus carota ssp. silvestris 55a
Dendrocopos major 14c
Dendrocopos minor 14d
Digitaria sanguinalis 71a
Distelfalter 36
Dolchwespe 40
Dorf-Gänsefuß, Guter Heinrich 67
Dorngrasmücke 26

E

Eingriffeliger Weißdorn 50
Einjähriges Rispengras 68

Elaphe longissima 32a
Elster 19
Elymus caninus 69a
Elytrigia repens 69b
Emberiza calandra 29a
Emberiza cirlus 29c
Emberiza citrinella 29b
Emberiza hortulana 29d
Emberiza melanocephala 30a
Engelsüß 71
Epipactis palustris 63d
Equisetum arvense 71c
Erbse 82
Erdbeere 74
Erdhummel 40
Erdkröte 34
Erdmaus 7
Erithacus rubecula 28c
Euonymus europaeus 51a
Europäischer Halbfinger 33

F

Fagopyrum esculentum 72a
Falco tinnunculus 12d
Falsche Kamille 56
Fasan 15
Faserlein, Flachs 79
Feige 75
Feldhamster 9
Feldhase 9
Feldlerche 24
Feldmaus 7
Feld-Rittersporn 64
Feldsalat 84
Feldsperling 27
Feldspitzmaus 6
Fenchel 84
Festuca pratensis 68a
Ficus carica 75a
Filipendula vulgaris 54b
Flughafer 69
Foeniculum vulgare var. dulce 84a
Fragaria vesca 74a
Fringilla coelebs 30c
Futter-Esparsette 62

G

Galium aparine 55d
Gallinago gallinago 17b
Gartengrasmücke 26
Gartenkerbel 88
Gartenlaubkäfer 42
Gartenrotschwanz 28
Gartenspitzmaus 6
Gartenthymian 88
Geburtshelferkröte 34
Gelbbauchunke 34
Gelbspötter 25
Gemeine Schermaus 7
Gemeiner Dungkäfer 42
Gemeiner Hornklee 58
Gemeines Kreuzkraut/-Greiskraut 60
Gerste 72

Getreidethrips 46
Gewöhnliche Waldrebe 52
Gewöhnlicher Schneeball 52
Gewöhnliches Ruchgras 70
Gimpel (Dompfaff) 31
Glatthafer 69
Glühwürmchen 41
Goldammer 29
Goldregenpfeifer 18
Goldschmied 41
Gottesanbeterin 47
Grabwespe 40
Graphosoma lineatum 46c
Grauammer 29
Graureiher 16
Großer Brachvogel 17
Großer Kohlweißling 39
Großer Schnegel 49
Großes Heupferd 47
Großes Wiener Nachtpfauenauge 38
Grüne Borstenhirse 71
Grünling 9
Grünspecht 14
Grus grus 16c
Gryllotalpa gryllotalpa 47c
Gurke 81

H

Hafer 73
Haferwurzel 86
Hain-Bänderschnecke 49
Hanf 79
Hänfling 31
Haplothrips tritici 46a
Harpalus rufipes 41b
Haselnussbohrer 44
Hauhechelbläuling 37
Hausspitzmaus 7
Helianthus annuus 79c
Helianthus tuberosus 87b
Helix pomatia 49a
Hemidactylus turcicus 33a
Herbstzeitlose 66
Hermelin 10
Himbeere 74
Hippolais icterina 25c
Hippolais polyglotta 25c
Hohltaube 20
Holzapfel 77
Honigbiene 40
Honigmelone 81
Hopfen 67
Hopfen-Klee, Schnecken-Klee 57
Hordeum distichon 72c
Hornissenraubfliege 35
Hühnerbiss 53
Humulus lupulus 67c
Hundspetersilie 54
Hundsquecke 69
Hunds-Rose 50
Hyla arborea 34d

I

Iberis amara 53c
Inachis io 36d
Inkarnatklee 89

J

Juglans nigra 77c
Jynx torquilla 14a

K

Kalanderlerche 24
Kampfläufer 18
Kappenammer 30
Kardone, Gemüse-Artischocke 85
Karmingimpel 31
Karotte, Möhre 86
Kartoffel 87
Kartoffelkäfer 43
Kernbeißer 30
Kichererbse 82
Kiebitz 18
Klatsch-Mohn 61
Kleine Bartfledermaus 8
Kleiner Feuerfalter 37
Kleiner Fuchs 36
Kleiner Odermennig 57
Kleiner Wiesenknopf 61
Kleines Mädesüß 54
Kleinspecht 14
Kletten-Labkraut 55
Knautia arvensis 66a
Knoblauch 81
Knöllchen-Steinbrech 54
Kohl 84
Kohl-Gänsedistel 59
Kohlmeise 27
Kohlschnake 35
Kornblume 66
Kornrade 61
Kornweihe 12
Kranich 16
Kreuzotter 32
Kriechende Quecke 69
Kuckuck 20
Kuckucks-Lichtnelke 61
Kugelspinne 48

L

Lacerta agilis 33c
Lacerta viridis 33b
Lachmöwe 17
Lactuca sativa 84c
Lamium purpureum 62d
Lampyris noctiluca 41c
Langermannia gigantea 91d
Lanius collurio 22d
Lanius excubitor 22c
Larus ridibundus 17a
Lathyrus aphaca 58c
Laubfrosch 34
Lauchkraut, Knoblauchrauke 53
Lavandula angustifolia 89c

Lavendel 89
Lens culinaris 82a
Leptinotarsa decemlineata 43c
Leptura rubra 43a
Lepus europaeus 9c
Liguster 51
Ligusterschwärmer 38
Ligustrum vulgare 51d
Lilienhähnchen 43
Lilioceris lilii 43b
Limax maximus 49d
Limosa limosa 17d
Linse 82
Linum usitatissimum 79b
Lithospermum arvense 56b
Lonicera xylosteum 52c
Lotus corniculatus 58a
Löwenzahn, Kuhblume 59
Luscinia megarhynchos 26c
Luzerne, Alfalfa 89
Luzerne-Dickmaulrüssler 44
Lycaena phlaeas 37b
Lychnis flos-cuculi 61c
Lycopersicon esculentum 80b
Lycopsis arvensis 65b
Lytta vesicatoria 41d

M
Maikäfer 42
Maimorchel 91
Mairitterling 90
Mais 73
Maiszünsler 39
Malus sylvestris 77b
Mandel 75
Mantis religiosa 47d
Marasmius oreades 91b
März-Veilchen 64
Matricaria maritima 56d
Maulwurf 6
Maulwurfgrille 47
Mäusebussard 11
Mauswiesel 10
Medicago lupulina 57d
Medicago sativa 89a
Melampyrum arvense 63b
Melanocorypha
 calandra 24b
Melitaea didyma 37d
Melolontha
 melolontha 42b
Mercurialis annua 67d
Merops apiaster 21c
Micromys minutus 8a
Microtus agrestis 7d
Microtus arvalis 7c
Milvus milvus 12a
Misopates orontium 63a
Misteldrossel 23
Misumene vatia 48b
Morchella esculenta 91c
Motacilla alba 22b
Motacilla flava 22a
Mustela erminea 10a
Mustela nivalis 10b

Myosotis arvensis 65a
Myotis mystacinus 8c

N
Nabis ferus 46b
Nachtigall 26
Nasturtium officinale 83a
Natrix natrix 32b
Nelkenschwindling 91
Nesselblättrige
 Glockenblume 66
Neuntöter 22
Nicotiana tabacum 89d
Numenius arquata 17c

O
Ocimum basilicum 88d
Oenanthe oenanthe 26d
Ölbaum 78
Olea europaea 78a
Onobrychis viciifolia 62b
Ortolan 29
Oryctolagus cuniculus 9d
Oryza sativa 72b
Ostrinia nubilalis 39d
Otiorhynchus ligustici 44b
Otis tetrax 15c
Otus scops 13d

P
Palomena prasina 46
Palomena prasina 46d
Paniceum miliaceum 73c
Papaver rhoeas 61a
Papaver somniferum 78b
Paprika 80
Pardosa amentata 48c
Parus caeruleus 27a
Parus major 27b
Passer hispaniolensis 27c
Passer montanus 27d
Perdix perdix 15a
Pernis apivorus 11c
Petersilie, Liebstöckel 83
Petroselinum crispum 83a
Pfaffenhütchen 51
Pfirsich 76
Pflaume 76
Phaseolus vulgaris 82d
Phasianus colchicus 15d
Philaenus spumarius 45b
Philomachus pugnax 18c
Phleum pratense 70d
Phoenicurus phoenicurus 28d
Phyllopertha horticola 42d
Phyllotreta undulata 43d
Pica pica 19b
Picus viridis 14b
Pieris brassicae 39a
Pisum sativum 82c
Plecotus auritus 8d
Pluvialis apricaria 18b
Poa annua 68b

Polygala amara 64d
Polyommatus icarus 37c
Polypodium vulgare 71d
Poterium sanguisorba 61d
Primula veris 59a
Primula vulgaris 58d
Prunus armeniaca 76c
Prunus avium 75d
Prunus cerasus 76a
Prunus domestica 76d
Prunus persica 76b
Prunus spinosa 50c
Psylla mali 45c
Purgier-Kreuzdorn 51
Purpurrote Taubnessel 62
Pyrrhula pyrrhula 31d
Pyrus communis 77a

Q
Quendel-Seid 62
Quitte 75

R
Rabenkrähe, Nebelkrähe 19
Ranken-Platterbse 58
Ranunculus acris 57a
Raphanus raphanistrum 57b
Raps 78
Raubfliege 35
Raubwürger 22
Rebhuhn 15
Reh 10
Reis 72
Rhabarber 85
Rhamnus cathartica 51b
Rheum rhabarbarum 85c
Rhinanthus alectrolophus 59b
Ribes nigrum 74b
Ribes rubrum 74b
Ribes uva-crispa 74c
Riesenbovist 91
Riesenkürbis 81
Rinderbremse 35
Ringelblume 60
Ringelnatter 32
Ringeltaube 20
Rispenhirse 73
Roggen 72
Rosa canina 50b
Rosenkäfer 42
Rotdrossel 23
Rote Heckenkirsche 52
Rote und Schwarze
 Johannisbeere 74
Rote Zaunrübe 55
Roter Hartriegel 51
Roter Scheckenfalter 37
Rotes Straußgras 70
Rotfuchs 10
Rothalsbock 43
Rotkehlchen 28
Rot-Klee 62
Rotmilan 12
Rubus idaeus 74d

S

Saateule 38
Saatkrähe 19
Saatschnellkäfer 44
Saat-Winteraster 60
Saga pedo 47
Saga pedo 47b
Salat 84
Salticus scenicus 48d
Salvia pratensis 65c
Satureja hortensis 88c
Saturnia pyri 38a
Sauerkirsche 76
Saxicola rubetra 28b
Saxicola torquata 28a
Saxifraga granulata 54a
Scandix pecten-veneris 55b
Schafchampignon 90
Schafstelze 22
Scharfer Hahnenfuß 57
Schlafmohn 78
Schlangenadler 11
Schlehe 50
Schleiereule 13
Schmeißfliege 35
Schopftintling 91
Schutt-Bingelkraut 67
Schwarze Bohnenlaus 45
Schwarzkehlchen 28
Schwarzwurzel 86
Scolia flavifrons 40a
Scorzonera hispanica 86d
Secale cereale 72d
Sellerie 86
Senecio vulgaris 60c
Setaria viridis 71b
Sichelwanze 46
Sinapis alba 78d
Singdrossel 23
Smaragdeidechse 33
Solanum dulcamara 65d
Solanum melongena 80c
Solanum tuberosum 87a
Sonchus oleraceus 59d
Sonnenblume 79
Sorex araneus 6b
Spanische Fliege 41
Spargel 85
Sperber 11
Sperbergrasmücke 25
Sphinx ligustri 38c
Spinacia oleracea 83c
Spinat 83
Stachelbeere 74
Stachelbeerspanner 39
Steinkauz 13
Steinschmätzer 26
Stellaria media 53a
Stengellose Schlüsselblume 58
Stieglitz 31
Streifenwanze 46
Streptopelia turtur 20c
Sumpfohreule 13
Sumpfrohrsänger 25
Sumpf-Sitter 63
Süßholz-Tragant 58
Süßkirsche 75
Sylvia borin 26a
Sylvia communis 26b
Sylvia nisoria 25d

T

Tabak 89
Tabanus bovinus 35a
Tagpfauenauge 36
Talpa europaea 6a
Taraxacum officinale 59c
Tettigonia viridissima 47a
Thymus vulgaris 88b
Tipula oleracea 35b
Tomate 80
Topinambur 87
Totenkopf 38
Tragopogon porrifolium 86c
Tragopogon pratensis 60a
Triel 18
Trifolium incarnatum 89b
Trifolium pratense 62a
Trifolium repens 54c
Triticum aestivum 73a
Troglodytes troglodytes 25a
Turdus iliacus 23c
Turdus merula 19a
Turdus philomelos 23b
Turdus pilaris 23d
Turdus viscivorus 23a
Turmfalke 12
Turteltaube 20
Tyto alba 13a

U

Uferschnepfe 17
Upupa epops 21a

V

Valerianella olitoria 84b
Vanellus vanellus 18a
Vanessa atalanta 36a
Vanessa cardui 36b
Venuskamm 55
Veränderliche Krabbenspinne 48
Viburnum lantana 52b
Viburnum opulus 52a
Viola odorata 64c
Vipera aspis 32c
Vipera berus 32d
Vitis vinifera 77d
Vogelmiere 53
Vulpes vulpes 10c

W

Wachholderdrossel 23
Wachtel 15
Wachtelkönig 16
Waldmaus 8
Waldspitzmaus 6
Walnuss 77
Wassermelone 80
Weg-Distel 63
Wegschnecke 49
Weidensperling 27
Weinbergschnecke 49
Weinrebe 77
Weißer Senf 78
Weiß-Klee 54
Weißstorch 16
Weizen 73
Wendehals 14
Wespenbussard 11
Wiedehopf 21
Wiesen-Bocksbart 60
Wiesenchampignon 90
Wiesen-Fuchsschwanz 70
Wiesen-Knautie 66
Wiesenknäuelgras 68
Wiesen-Lieschgras 70
Wiesenpieper 24
Wiesen-Salbei 65
Wiesenschaumkraut 64
Wiesenschaumzikade 45
Wiesenschlüsselblume 59
Wiesen-Schwingel 68
Wiesenweihe 12
Wilde Möhre 55
Wildkaninchen 9
Witwenblume 66
Wolfsspinne 48
Wolliger Schneeball 52

Z

Zaunammer 29
Zauneidechse 33
Zaunkönig 25
Zea mays 73d
Zebraspinne, Mauer-Hüpfspinne 48
Ziesel 9
Zittergras 68
Zottiger Klappertopf 59
Zucchini 81
Zuckerrübe 79
Zwergmaus 8
Zwergtrappe 15
Zwergohreule 13
Zwiebel 87
Zygaena filipendulae 37a

Deutsche Erstausgabe April 2001
Gesetzt nach den Regeln der Rechtschreibreform
© 2001 für die deutschsprachige Ausgabe
C. Bertelsmann Jugendbuch Verlag, München
in der Verlagsgruppe Bertelsmann GmbH
Die tschechische Originalausgabe erschien 1999 unter dem Titel »Příroda venkova«
© 2001 Brio, Prag
Illustrationen: Eva Beberová, Antonín Bielich, Petr Liška, Vlasta Matoušová,
Michaela Štěpánová, Andrea Waldhauserová, Sylva Francová
Originaltext: Martin Čihař / Michel Cuisin
Übersetzerin: Eva Tauber
Projektbetreuung: Atelier Langenfass, Ismaning
st · Herstellung: Stefan Hansen
ISBN 3-570-20917-2
Printed in the Czech Republic

10 9 8 7 6 5 4 3 2 1